ONE
FOR
SOLITUDE
TWO
FOR
FRIENDSHIP
THREE
FOR
SOCIETY

biography

THREECHAIRS COMPANY

서울시 종로구 자하문로 269, 3F
TEL 02 396 6266 FAX 070 8627 6266
WWW.BIOGRAPHYMAGAZINE.KR
CONTACT@BIOGRAPHYMAGAZINE.KR

CREATIVE
DIRECTION &
COPY
이연대
LEE YEONDAE

DESIGN
DIRECTION &
ILLUSTRATION
이수민
LEE SUMIN

EDITING
이연대
LEE YEONDAE
허설
HUH SEOL
김혜진
KIM HYEJIN
손소영
SON SOYOUNG

ASSISTANCE
최지은
CHOI JIEUN

PHOTOGRAPHY
이민지
LEE MINJI

GRAPHIC NOVEL
박문영
PARK MOONYOUNG

TRANSLATION
박은혜
PARK EUNHYE

SKETCH
박상훈
PARK SANGHOON

EXECUTIVE
ADVISOR
손현우
SON HYUNWOO

CONTRIBUTORS
심중선
SIM JUNGSUN
이선화
LEE SUNHWA

THANKS
강민기
KANG MINKI
김규완
KIM GYUWAN
김영원
KIM YOUNGONE
김윤성
KIM YUNSEONG
김윤종
KIM YUNJONG
소중희
JUNE SOH
유재영
YOO JAEYOENG
유지혜
YOO JIHYE
정홍석
JEONG HONGSEOK
최필조
CHOI PILJO

DISTRIBUTION
(주)날개물류

PRINTING
(주)스크린그래픽

PUBLISHING
(주)스리체어스
THREECHAIRS
도서등록번호
종로 마00071
출판등록일
2014년 7월 17일

MAY JUN 2015
ISSUE 4
YI MUN-YOL

ISSN
2383-7365
ISBN
979-11-953258-4-9 04050
979-11-953258-0-1(세트)

Poeten

Yi Munyôl

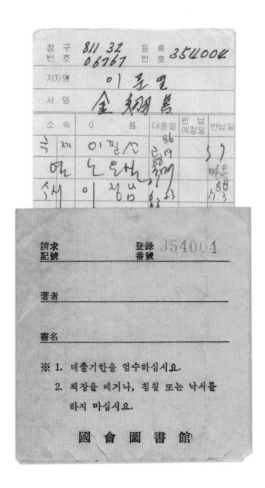

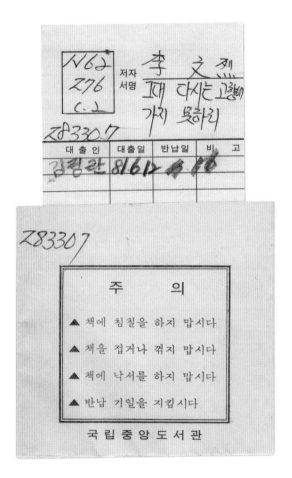

그러나 그런 감격은 미처 그 재(嶺)를 벗어나기도 전에 돌연 암담한 절망으로 바뀌었다.

내 모든 외형적인 방황에도 불구하고 언제부터 나를 사로잡고 있는 예감 중의 하나는 내가 어떤 예술적인 것—— 아름다움의 창조와 관련있는 삶을 갖게 되리라는 것이었다. 입으로야 무어라고 말하든 아름다움은 내가 마지막까지 단안하기를 주저하던 가치였다.

그런데 그 감격에 뒤이어 돌연히 나를 사로잡은 아름다움의 또 다른 측면은 그것이 어떤 신적(神的)인 것—— 인간은 본질적으로 도달이 불가능한 하나의 완전성이란 것이었다. 인간은 한 왜소한 피사체 또는 지극히 순간적인 인식주체에 불과하며, 그가 하는 창조란 것도 기껏해야 불완전하기 짝이없는 모사(模寫)일 뿐이었다· ……그렇다면 내가 예감하는 삶의 형태는 처음부터 불가능을 향해 출발하는 셈이었다. 그런 삶을 채워가야 한다는 것은 그때의 나에게는 참을 수 없을 만큼 어리석고 무모해 보였다.

그러자 갑작스런 피로가 몰려 왔다. 실제 내 몸도 어지간히 지쳐 있었다. 그날 걸은 것도 겨우 삼십리 남짓했지만, 이미 쌓인 피로에다 두자 이상 되는 눈이 덮인 고갯길을 세 시간이 넘게 헤쳐나왔기 때문에 나는 거의 녹초가 되어 있었다. 거기다 그 길의 태반을 맨발로 걸어 두 발은 감각이 없을 만큼 얼어 있었다. 등짐으로 멘 조그만 여행 가방도 천근 무게였다.

별수없이 나는 전진을 단념하고 그 재를 벗어나 첫번째 만난 주막으로 들어갔다. 쉬면서 언 발도 녹이고 점심도 때울 생각이었다. 고맙게도 따뜻한 주막방은 송두리째 비어 있었다.

그런데 내가 막 점심으로 시킨 라면을 비우고 났을 때 방문을 열고 들어선 사람이 있었다. 바로 이틀 전 개울가에서 만났던 칼갈이 노인이었다. 젖은 아랫도리에 묻어 있는 눈이나 질퍽거리는 신발로 보아 그도 눈을 헤치며 재를 넘어온 것이 분명했다.

나는 원인모를 반가움으로 아는 체를 했다. 노인은 그런 나를 거들떠보지도 않고 소주 한병과 라면을 시키더니 문지방에 두 발을 걸친 채 방바닥에 벌렁 누워 버렸다. 무안을 당한 셈이었지만 이상하게도 화가 나지 않았다. 나는 다시 말을 걸어 볼까 하다가 그대로 잠시 그를 관찰해 보았다.

皇帝를 위하여

卷五. 謀叛의 세월 下

皇帝妃

金光 5년 9월 南에서 사람이 오니

倭도 아니고 胡도 南아니로다. 謀叛를 젹

경화시고 호제하시다 ∨

북적(北)들의 발안직인 와지어 노복이

두려워 피나길을 북적二로 갇앗으 황제

preface

열여섯 명의 작품이 예심을 거쳐 본심에 올랐다. 각박한 세태를 반영하듯 외부와 단절된 채 내면으로 침잠하거나 시적 자아를 사물화한 시가 많았다. 지적 과시에 불과한 난삽한 시가 퇴조한 현상은 다행스러웠으나, 그 빈자리를 메운 것이 미학적 발견이나 신인의 패기 라고는 찾아볼 수 없는 정형화된 시작詩作의 공산품이라는 점에서 그리 반색할 일도 아니 었다. 예심과 본심을 맡은 심사 위원들은 응모작의 수준이 예년만 못하다고 입을 모았다.

분주히 움직이던 박 시인의 손이 멎었을 때 시인은 이제 막 잠에서 깨어난 사람같이 얼뜬 얼굴을 하고 있었다. 시인은 탁자 중앙으로 원고를 밀어 올렸다.

"김 교수, 이 작품 보셨소?"

김 교수는 들고 있던 원고를 내려놓고 시인이 건넨 원고를 집어 들었다.

"예, 선생님. 아까 검토를 마쳤습니다. 무슨 문제라도 있으신지요?"

"별건 아니고. 김 교수 생각은 어떠신가 해서 말이오."

시인의 물음에 김 교수는 원고를 다시 한 번, 이번엔 정성껏 들추어 보았다. 마른 오이처럼 가칠한 얼굴에 눈썹이 서서히 솟아오르더니 이내 얇고 검붉은 입술이 배죽이기 시작했다.

"글쎄요. 낡은 발상에 익숙한 어법까지 더해져 시적 긴장이 좀처럼 느껴지지 않습니다."

김 교수는 푹 꺼진 볼을 손가락으로 툭툭 두드렸다. 시인은 여전히 고개를 꺾은 채로 말없이 원고만 쏘아보고 있었다. 예기치 않게 냉랭해진 분위기에 김 교수는 잠시 어색한 침묵을 지키다가 목덜미를 어루만지며 말을 주워 담았다.

"혹시 선생님께서 이 작품을 눈여겨보셨다면 저도 얼마든지……"

"아, 아니에요. 김 교수 어떻게 생각하는지 궁금했을 따름이에요. 신경 쓸 것 없어요."

박 시인이 손을 내저으며 짐짓 태연하게 웃었다.

신문사 편집국장과 문화부장, 김 교수와 함께 점심을 들기로 되어 있었지만 박 시인은 배를 채울 기분이 아니었다. 갑자기 오한이 났다고 둘러대고 양해를 구했다. 김 교수가 앞장서서 택시를 잡아 주었다. 박 시인은 4백여 미터를 달려 덕수궁 앞에서 차를 세웠다.

시인은 대한문을 끼고 우측으로 돌아 덕수궁 돌담길로 들어섰다. 잔설이 남아 희불그레한 포석을 밟아 올라가며 시인은 깊은 생각에 빠져들었다. 본심까지 올라온 것만 해도 다행인지 몰랐다. 아무도 모르는 일이라지만 예심에서 낙방했더라면 한 줌 남은 자존심마저 상실했을 터였다. 하지만 어설픈 모방작이라는 둥 시적 발상이 낡았다는 둥 하는 김 교수의 가차 없는 혹평을 떠올리자 다리가 맥없이 꺾였다. 만년 가도록 겪어 보지 못한 치욕이었다.

박 시인은 유신 시대의 대표적인 저항 시인이었다. 시를 모르는 사람도 그의 이름 석 자는 알았다. 덕분에 박 시인의 시집은 해마다 수만 부 이상 팔렸다. 등단 40년이 넘도록 시집 다섯 권밖에 내지 않았지만 다수의 평론가들이 '광복 이후 최고의 시인'으로 꼽을 만큼 문단의 평가도 좋았다. 교과서에도 그의 시가 여남은 편 수록되어 있었다. 박 시인은 벌써 10년도 전에 고문 후유증으로 건강이 악화되어 작품 활동을 중단했지만, '전前 시인'이란 말은 세상에 없듯 단 한 번도 자신의 시인됨을 의심하지 않았다. 시인이 된다는 건 삶의 방편이라기보다 방식에 가까웠고, 그의 시가 읽히는 한 그는 언제고 시인일 수 있었다.

박 시인은 텅 빈 하늘을 올려다보며 속으로 중얼거렸다. 인류 역사상 유례없는 미의 퇴행이 지난 백 년 사이에 일어났다. 진리를 탐구하듯 미를 궁구하던 예술혼은 개인의 취향 뒤로 왜소해진 몸을 숨겼고, 각양각색의 취향은 고유한 미적 권리로 오인되어 절대미를 추방시켰다. 지금 우리에게 남은 건 카바레 미러볼처럼 어지러운 자극뿐이다. 마르셀 뒤샹의 남성용 변기가 인류의 위대한 유산을 똥통에 빠트렸다. 저것이 예술이냐 아니냐에 수용자가 과도하게 참여하면서 예술은 순정성純正性을 잃었고, 수용자의 작품 해석에 작가의 이름이 개입되기 시작했다. 독자는 이제 텍스트를 해석하지 않는다. 다만 저자를 해석한다. 저자는 죽었으나 주술적으로 불러낸 저자의 혼백이 텍스트 주위를 떠돈다. 매스 미디어 시대의 예술품은 복제품이 상실한 아우라를 작가의 권위로 완벽하게, 아니 그 이상으로 휘황하게 재현해 낸다…… 여기까지 생각이 이르자 시인은 불쑥 현기증을 느꼈다. 보도 위로 쓰러질 것만 같았다.

이듬해 봄 박 시인은 신작을 발표했다. 다종다양한 언론에서는 시인의 마지막 작품이 될 것으로 알려진 시 〈현대시작법〉에 대한 헌사를 아끼지 않았다. 시단과 평단의 호평도 줄을 이었다. 대형 서점에선 특별 코너를 만들어 그의 시 전집을 팔았다. 표지 디자인과 삽화를 바꾼 신판은 젊은 층에게도 반응이 좋았다.

시인은 유력 일간지와 인터뷰를 가졌다. 기자는 "시인다운 시인이 드문 요즘 시단을 향한 통렬한 죽비"로 읽힌다며 "시가 읽히지 않는 시대를 사는 시적 주체의 통탄을 응축"한 작품이란 해석을 붙였다. 박 시인은 기자의 얼굴을 우물 속 들여다보듯 아득히 바라보았다. "실은 내가 얼마 전에 어느 일간지 신춘문예에 시를 몇 편 응모했다오. 보기 좋게 미끄러졌지. 내 시에 이름 석 자를 가리니까 별 대단치 않은 물건이 되더라 이 말입니다. 내게 부채의식을 지닌 선량한 민중들로서는 내가 흘린 말과 글을 주워 담는 것이 내가 겪은 고초에 대한 일종의 보답이었을 게요. 기자 양반, 저 텅 빈 하늘을 좀 보오. 저게 무無와 공空으로 보이시오, 아니면 말간 하늘로 보이시오? 언어와 인식의 한계를 절감한 나는 이제 말을 버리는 편을 택하려 한다오. 언어의 공백과 무성한 침묵으로 쓰이지 않은 시를 마저 쓰려 해요. 〈현대시작법〉은 그런 소회와 바람을 담은 고별사쯤으로 읽어 주셨으면 합니다."

현대시작법現代詩作法

시옷 자를 박아 넣고 활판기를 돌린다 / 납덩어리가 천근 몸을 비틀면
달코달코달아빠져달코달아다스러져라 하며 / 뭉개진 말들이 괴어 난다
이게 무슨 뜻이오 / 문선공이 물으면 / 쓰지 않음을 쓴 거요 / 하고 말하고
천치 바보가 물으면 / 때 묻은 백지지 뭐요 / 하고 말한다
가꾸로 보면 재두루미 한 쌍 날갯짓하는데 / 먹 닿지 않은 곳마다 창천이 피어나서
자꾸 나는 서러워진다

나는 여론의 실체와 본질을 알지 못한다. 문학 비평의 원리에도 어둡다. 다만 끌어올릴 수 있다면 끌어내릴 수도 있다고 믿는다. 이번 호에서는 이문열 소설가를 만났다. **b**

ISSUE 4
MAY JUN 2015
YI MUN-YOL

IMPRESSION   004
PREFACE   012
WORKS   018
TALKS AND TALES   030
PORTRAITS   032
BIOGRAPHY   040
    BIOGRAPHY
    PERSONAL HISTORY
COMPARISON   066
CONTROVERSY   070
GRAPHIC NOVEL   076
LETTER   090
IN-DEPTH STORY   094
    INTERVIEW
    PARTNER
SAYING   140

PORTRAITS

이문열의
활동상을 화보에
담았다

P.032

WORKS

이문열의
주요 저작을
살펴본다

P.018

P

PREFACE

현대시작법
現代詩作法

WORDS BY
LEE YEONDAE,
PUBLISHER

P.012

IMPRESSION

한국 문단의 거장,
이문열의 첫인상을
그래픽으로
표현했다

P.004

T

**TALKS AND
TALES**

서점과 거리에서
사람들을 만났다.
이문열에 대한
다양한 생각을
들었다

P.030

B

BIOGRAPHY

이문열의
삶과 문학을
서술한다.
연보도 함께
실었다

BIOGRAPHY

PERSONAL
HISTORY

P.040

G

GRAPHIC
NOVEL

이문열의 단편
〈필론의 돼지〉를
그래픽 노블로
옮겼다

P.076

I

IN-DEPTH
STORY

이문열과
그의 아내를
만났다.
삶과 철학을
들었다

INTERVIEW

PARTNER

P.094

C

CONTROVERSY

그는 펜을 검처럼
휘둘러 왔다.
숱한 논란을
정리했다

P.070

L

LETTER

나는 왜 쓰는가?
문학청년에게
편지하다

P.090

C

COMPARISON

군중과 권력의
관계를 조명한
알레고리 소설들을
살펴본다

P.066

S

SAYING

이문열의
명문장을
모았다

P.140

018

works

1979년 이문열은 동아일보 신춘문예에 당선되어 문단에 나왔다. 등단 첫해 베스트셀러 작가가 되었다. 발표하는 작품마다 인기를 끌었다. 작품성과 대중성을 겸비해 당대 최고의 작가 반열에 올랐다. '이문열 신드롬'이란 말까지 생겼다. 이제까지 그의 저서는 3천만 권 이상 팔렸다. 이문열의 주요 저작을 소개한다.

사람의 아들

1979

이문열의 첫 저서다. 26세 때인 1973년 잡지 신인 공모에 〈사람의 아들〉을 투고하고 입대했다. 첫 휴가를 나와 결과를 확인했지만 예심도 통과하지 못했다. 1979년 동아일보 신춘문예로 등단한 이문열은 문예지의 원고 청탁을 받고 중편이던 이 작품을 장편으로 개작했다. 제3회 오늘의 작가상을 받으며 단행본으로 나왔다. 현재까지 230만 부 이상 팔렸다. 신학도의 종교적, 사상적 여정을 따라가며 신神과 종교, 인간 존재의 근원적 의미를 탐구했다. 1987년 구성상의 문제를 고친 개정판을 냈다. 이후 1993년판을 거쳐 2004년 완결판을 출간했다.

젊은 날의 초상

1981

열병과도 같았던 젊은 날을 그린 자전적 소설이다. 〈하구河口〉, 〈우리 기쁜 젊은 날〉, 〈그해 겨울〉의 3부로 구성되어 있다. 150만 부 이상 팔렸다. 줄거리는 다음과 같다. 고등학교를 중퇴한 나는 이곳저곳을 떠돌다가 경상남도 강진에서 모래 장사를 하는 형을 찾아간다. 그곳에 머물며 검정고시와 대학 입시를 준비한다. 서울에 있는 대학에 입학한 나는 번민하고 방황하고 절망한다. 동기의 갑작스런 죽음으로 학교를 떠나 여행길에 오른다. 바다를 향한 여로에서 다양한 인간 군상을 접한다. 바다에 도착한 나는 절망은 끝이 아닌 시작임을 깨닫고 다시 서울로 향한다.

금시조 金翅鳥

1981

제15회 동인문학상 수상작이다. 서화書畵를 통해 예술의 본질을 담아냈다. 이문열의 대표적인 예술가 소설로 꼽힌다. 줄거리는 다음과 같다. 일흔둘의 서화가 고죽은 묵향을 맡으며 옛일을 회상한다. 열 살에 석담 선생의 문하로 들어간 고죽은 빼어난 서화가로 성장한다. 고죽과 스승은 예술관이 달랐다. 서화의 도道를 중시한 스승과 기技를 중시한 고죽은 대립한다. 예술을 위한 예술을 추구했던 고죽은 스승과 결별한다. 서화를 흩뿌리며 방탕한 삶을 보내던 고죽은 뒤늦게 각성한다. 죽기 직전 자신의 모든 서화를 불태우며 불길 속 금시조의 비상을 발견한다.

황제를 위하여

1982

제3회 대한민국문학상 수상작이다. 동양 고전에 대한 해박한 지식과 유려한 의고체가 돋보인다. 줄거리는 이러하다. 잡지사 기자인 화자는 계룡산으로 취재를 떠난다. 그곳에서 만난 노인은 구한말부터 1972년까지 자신이 모신 남조선국의 황제이야기를 들려주고 실록을 보여 준다. 잡지사를 그만둔 기자는 자신을 황제로 여기며 살다간 이의 일대기를 쓴다. 일제 강점기와 광복, 6·25 전쟁 등 근대사의 질곡을 넘나들며 펼쳐지는 황제의 삶은 기이하고 애틋하다. 이문열은 서문을 통해 이념 과잉에 대한 경고와 동양적인 것에 대한 향수를 일깨우고 싶었다고 말했다.

영웅시대

1984

제11회 중앙문화대상 수상작이다. 1981년 연좌제가 폐지된 뒤 이듬해부터 《세계의 문학》에 연재를 시작했다. 월북한 부친과 남한에 남겨진 식구들이 겪은 가족사를 소설로 풀어냈다. 줄거리는 이러하다. 동경 유학 시절 남로당계 공산주의자가 된 이동영은 6·25 전쟁이 발발하자 노모와 아내, 3남매를 두고 월북한다. 동료의 죽음과 사회주의의 실상을 목도하며 이동영은 점차 사회주의 이념에 회의를 느낀다. 한편 남한의 식구들은 빨갱이로 몰려 온갖 고초를 겪으며 여러 곳을 전전한다. 이 작품에서 이문열은 이념에 대한 혐오를 드러내고 인간성 회복을 주장했다.

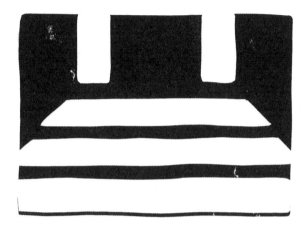

우리들의 일그러진 영웅

1987

제11회 이상문학상 수상작이다. 초등학교 교실을 무대로 개인과 집단의 권력 문제를 다룬 알레고리 소설이다. 발간 즉시 베스트셀러에 올랐다. 1992년 영화로 제작되어 인기를 끌었다. 줄거리는 이러하다. 서울에서 시골 초등학교로 전학 온 한병태는 학급의 독재자 엄석대에게 저항한다. 학급에서 고립된 한병태는 오래지 않아 엄석대에게 굴복한다. 새로운 담임 선생이 부임하면서 엄석대의 횡포가 밝혀진다. 아이들은 저마다 엄석대의 비리를 고발하고 엄석대는 학교를 떠난다. 한병태는 몰락한 영웅을 부정도, 긍정도 하지 않는다. 다만 한발 물러나 지켜본다.

삼국지三國志

1988

나관중의 《삼국지연의》를 변형한 모종강毛宗崗본을 뼈대로 삼아 평역했다. 1988년 출간된 이래 1천8백만 부 이상 팔린 한국 출판 사상 최고의 베스트셀러다. 이문열《삼국지》는 형식과 내용 면에서 새로웠다. 현대적 감각을 주기 위해 시와 평문을 가감하거나 자신이 쓴 것으로 대체했고, 필요한 부분은 변형과 재구성을 시도했다. 또한 다양한 인물과 사건, 제도와 문화에 대한 평문을 곁들여 폭넓은 배경지식을 전달했다. 우리나라에선 유비에 비해 덜 부각되었던 조조의 비중을 한층 높였고, 제갈량 사후의 이야기를 대폭 줄여 끝까지 긴장감을 유지했다.

시인詩人

1991

조선 후기의 시인 김병연의 일대기를 다룬 장편 소설이다. 방랑 시인 김삿갓으로 알려진 김병연의 일생을 통해 예술의 의미
와 작가적 삶의 지향을 그렸다. 1991년 출간된 이래 프랑스, 영국, 이탈리아, 네덜란드, 스웨덴, 그리스 등 11개국에 번역,
출간되었다. 국내보다 국외에서 높이 평가받는 소설이다. 참된 예술을 찾기 위해 방랑하는 김삿갓의 고뇌와 절망, 방황에는
이문열의 문학적 자서전이 투영되어 있다. 2008년 출간된 개고판改稿版에는 단편 소설 〈시인과 도둑〉 등이 외전 형태로 삽
입되었다. 동 단편 소설은 제37회 현대문학상 수상작이다.

전야前夜 혹은 시대의 마지막 밤

1998

제2회 21세기문학상 수상작이다. 21세기를 앞두고 드리운 외환 위기의 음울한 그림자와 거품 낀 세태를 그렸다. 줄거리는 다음과 같다. 대학교수인 나는 디자이너인 인선과 밀회하기 위해 차를 몰고 강원도 낙산으로 간다. 한계령에서 편승한 사내는 대통령 선거와 IMF 얘기를 꺼낸다. 낙산에서 만난 인선은 의상실을 정리하고 유학을 떠날 계획을 털어놓는다. 텅 빈 횟집에서 우리는 사내와 조우한다. 동석한 사내는 자신의 출판사가 도산 위기라고 말한다. 나와 인선은 우리 사랑에도 거품이 끼었음을 어렴풋이 느낀다. 인선은 유학을 재고하기로 한다.

변경邊境

1998

제9회 호암상 예술상 수상작이다. 1950년대 월북한 좌파 지식인을 다룬 《영웅시대》의 속편 격이다. 1960년대를 배경으로 남한에 남겨진 3남매의 성장기가 펼쳐진다. 1986년 집필을 시작해 1998년 12권을 완간했다. 출간 당시 50만 부 이상 팔리며 관심을 모았지만 소설과 무관한 정치적 발언으로 논란이 일었다. 급기야 그의 저서를 반환하고 책 장례를 치르는 사건이 벌어졌다. 충격을 받은 이문열은 2003년 절판을 결정하고 미국으로 떠났다. 2014년 원고지 1천 장 분량을 개작해 재출간했다. 그는 현재 《변경》 이후의 1980년대 이야기를 쓰고 있다. **b**

책 장례식을 표현의 자유로 인정하기에는 자유의 정도가 지나쳤다. 소설은 창작된 이후 독자의 것이지만 창작 과정은 오롯이 작가의 몫이다. 독자가 소설을 택할 기회와 권리가 있듯 작가는 자유롭게 창작할 권리가 있다고 생각한다. 한국을 대표하는 소설가라 할 수 있는 이문열 선생이 본인이 원하는 글을 계속 썼으면 한다.
박주연, 인천시 계양구, 20세, 대학생

소설가가 정치적 발언을 하는 것은 조금도 문제가 되지 않는다. 그러나 이문열은 소설가로서 과대평가되었다. 그는 여전히 반공 이데올로기에 갇혀 있으며, 이데올로기를 강요하기 위해 쓴 작품들 때문에 문학적 지평이 협애해졌다고 생각한다.
유신, 서울시 송파구, 27세, 방송계 종사자

인간 본연의 욕망을 가장 적나라하게, 그리고 솔직하게 서사하는 작가라는 점에서 이문열은 대단하다. 하지만 《호모 엑세쿠탄스》는 주석이 너무 많아 몰입이 어려웠고 현학적 표현과 서사가 난삽했다. 김영하의 작품처럼 '청년'에 대한 이야기도 다루어 주었으면 좋겠다. 소설가에게 정치적 발언을 허용하지 않는 것은 사회에서 배제하는 것과 같다고 생각한다. 소설가는 우리 사회의 안과 밖을 넘나드는 역할을 해야 한다. **민경배, 인천시 연수구, 29세, 회사원**

〈우리들의 일그러진 영웅〉은 한국 근현대사를 반영한 수작이다. 반면 《선택》은 작가의 가부장적이고 왜곡된 역사관을 반영한 반페미니스트적 작품이다. 나이가 들수록 필력이 퇴보하는 것 같다. 반성이 없고 발전도 없다. 독재 세력의 장기 집권에 정당화의 빌미를 제공한다는 느낌마저 든다.
익명, 서울시, 30대, 회사원

과거에 책 장례식이 벌어진 것에 대해 일정 부분 동의한다. 작가는 글로 자신의 철학과 소신, 사회에 대한 바람을 보여 주어야 한다. 그런데 이문열은 출세를 위해 글을 쓰는 느낌이다. 그래서 그에 대한 기대를 접었다.
이웅립, 서울시 강남구, 67세, 미상

TALKS AND TALES

이문열은 우리나라를 대표하는 소설가다. 그가 없었다면 문단이 너무 빈곤해지지 않았을까. 그런 점에서 소설 창작에 전념했으면 좋겠다. 소설가는 작품으로 말하는 사람이 아닌가. 《황제를 위하여》와 《영웅시대》는 작가적 재능이 가장 번득인 작품이었다. 《오디세이아 서울》은 예술성이 낮다고 느껴져 별 감흥이 없었다. 〈아우와의 만남〉 같은 남북문제를 다룬 또 다른 소설을 기대해 본다.
익명, 서울시, 41세, 미상

이문열의 보수주의적 성향을 두고 그를 욕하는 사람이 많다. 정치적 입장이야 사람마다 다르니 얼마든지 비난할 수 있다. 그러나 읽지도 않은 그의 책마저 욕해서는 안 된다. 작가는 작품으로 평가되어야 마땅하다. 요즘 작가들 중에 이문열의 필력을 따라올 만한 사람을 나는 아직 보지 못했다.
박경수, 경기도 성남시, 53세, 개인 사업

교과서에서 이문열의 소설을 처음 접했다. 그 이후로 그의 작품을 제대로 읽은 적은 없다. 작품 세계에 대해서는 할 말이 없지만 정치 성향에 대해서는 대체로 공감한다. 우리나라는 진보의 입김이 너무 세다. 광화문 광장에 나와서 데모하는 사람들을 보면 십중팔구는 진보 좌파다. 그래도 선거 때가 되면 보수가 매번 이긴다. 이문열 같은 사람들이 앞장서서 숨어 있는 보수의 목소리를 대변해야 한다.

익명, 서울시 양천구, 29세, 회사원

대학교 신입생 때 《젊은 날의 초상》을 읽었다. 그 시절 죽을 것만 같았던 고뇌와 방황이 누구나 한 번은 통과해야 하는 젊음의 열병이었구나, 하는 생각에 잠시 안도할 수 있었다. 나이가 들어 요즘은 소설을 멀리하고 있지만 아직도 내게 소설가란 말은 이문열과 동의어다.

장경호, 서울시 서초구, 38세, 회사원

이문열이 역작 몇 개를 남길 수 있었던 건 짙은 보수성 때문이다. 아이러니하겠지만 이문열이 가장 욕먹는 그 보수성이 〈우리들의 일그러진 영웅〉 같은 역작을 쓸 수 있었던 이유다. 소설이 시종일관 부당한 권력을 행세하다 한순간에 무너져 버린 엄석대를 조명했다면 그건 잠깐의 카타르시스나 느끼자고 쓴 불쏘시개였겠지. 현실과 이상 사이에서 괴리감을 느끼는 한병태, 그리고 불의 앞에 내내 침묵하다 더 큰 힘이 뒤에 있다는 걸 알고서야 득달같이 달려드는 비겁자들을 엄석대와 묶어 동시다발적으로 비판하고 있기 때문에 여운이 짙게 남는다. 시궁창 같은 현실을 이문열은 말하고 싶었던 것이다.

디시 인사이드 아이디 bo**

촛불 집회에 나온 사람 중 일부는 분위기에 휩싸여 따라 나온 어중이떠중이들일지 모른다. 그렇다 해도 촛불 집회 자체를 '촛불 장난'으로 폄하해선 안 된다. 민심이 무엇인지 사태 파악을 못 하고 있는 게 아닌가 싶다. 정권의 입맛에 맞으면 '민심은 천심'이고 그렇지 않으면 개념 없는 포퓰리즘이란 말인가. 이문열은 스스로 '일그러진 영웅'이 되었다.

네이버 아이디 qaz_**

이문열 《삼국지》는 쉬우면서도 가볍지 않다. 소설은 시대를 통째로 보여 주는 탓에 전지적 작가 시점으로 서술된다. 인물 배경과 감정, 앞으로 일어날 일까지 작가의 친절한 설명이 동반된다. 그럼에도 불구하고 독자들이 흥미를 잃지 않는 건 작가가 깊이 있는 이해를 바탕으로 소설을 썼기 때문이라고 생각한다. 상황에 대한 묘사나 이야기가 이치에 맞지 않고 깊이를 담고 있지 않다면 '특별한 지식'을 얻고자 하는 독자의 마음을 사로잡긴 힘들기 때문이다.

네이버 아이디 springm**

사회에는 여러 목소리를 가진 사람들이 모인다. 한 목소리만 있어야 한다는 생각은 획일화된 공산주의와 다를 게 없다. 그런 점에서 다양한 목소리를 내는 사람에게, 자신과 다른 의견을 내는 사람에게 배후 세력을 운운하며 좌경시하는 것 자체가 유신 시절, 군사 독재의 수구꼴통 짓이라 생각된다. 이문열은 촛불 장난에 대항해 의병이 일어나야 한다고 했다. 내 눈에는 촛불을 든 국민이 의병인데, 그 의병을 제압하고자 의병을 일으킨다니. 촛불 시위의 본질을 모르겠다면 차라리 '필론의 돼지'가 되어 계셨다면 좋았을 것.

네이버 아이디 l**

《추락하는 것은 날개가 있다》를 읽으면서 희열을 느꼈다. 사람이 어떻게 이런 글을 쓸 수 있나 싶었다. 이문열 씨의 모든 책을 다 읽었다. 그가 쓴 책을 읽으면 읽을수록 그가 신처럼 느껴졌다. 얼마 전 어느 신문의 한 칼럼에서 본 정희진(여성학자)의 글이 유독 눈길을 끌었다. 그녀는 자신이 쓴 칼럼에서 어린 시절 문학소녀였는데 이문열의 〈금시조〉를 읽고 작가가 되기를 포기했다고 했다. 19세 소녀의 눈에 그의 문장이 어찌나 위대해 보였는지 "나는 안 되겠다"라는 확신이 들었다고 했다.

네이버 아이디 ope** b**

038

```
.BRA.....      .BRB...                                                      .IRB.....
.RBG....       .YGI..                                                       .IBB...
BRHRBGBY....ORG...YBRBRH.....RBRBOBR..YBRBR...BRBRHRBY..RBABRBBI..IBBABRBO...RBR...RBY
RBRHYGRBR...BBH..RBRPYBRB...BBRYYBRR..GRBRY..BRBYYRBBY.BRBGYHBRY.IBRBIOHRY..IRB..RBR
BRY...RBI...BRO..IBR...BRB..RBR..BR..YBR...BBB...BBI..RB...GBR.IBB...BRY..BRA.BR.
RBG..IBR...RBO..IRBI...RBR.GRB...IRB...YRB..HBB....BBI..BR....HRB.IBR..RBI..BBBRA.
BBBRBRBRG...BRB...ARBRBRBR...BRGBBRBR...GBR...RBRBRRBRY..RBRBRBRB...IRB...BRY..YBRB
OBYYRRP....OBG....IHBRBY.....IGOIIRR..YBR.....IHROIOBI..BBIOBRG...IRB..RBI...BBI
                       .BRG..OBR..............RB.............BBB.
                     .IBRBBBR....              OO.............RO.
```

*

이문열의 자전적 대하소설 《변경》을 읽는다.

"어느 날 문득 꽃은 시들고 빛은 스러졌다. 삶은 쓰디쓴 실상으로 유년을 목 조르고, 세상은 어둡고 긴 터널이 되어 내 앞에 입을 벌렸다."

*

아버지는 남로당 간부였다. 아버지의 적국에 남겨진 아이는 서른이 넘도록 빨갱이의 새끼로 살았다. 이문열의 삶과 문학을 이해하려면 뒤틀린 가족사부터 알아야 한다.

이문열의 부친 이원철은 경북 영양 천석꾼의 아들로 태어났다. 서울 휘문고보를 졸업하고 일본 유학을 갔다가 사회주의에 심취했다. 해방이 되자 여운형이 주도한 건국준비위원회에 참여했고, 박헌영과 이현상 등 남로당 지도부와 교통했다.

6·25 전쟁이 터지고 인민군이 내려오자 이원철은 수원 농대(현 서울대 농대) 관리 책임을 맡았다. 1950년 9월 인천상륙작전이 성공하면서 한국군과 유엔군은 서울을 수복했다. 이원철은 교수 5명과 학생들을 트럭에 태우고 월북했다. 만삭의 아내와 어린 4남매는 대동하지 않았다. 막내아들 이문열은 세 살이었다.

*

어머니와 5남매는 여러 곳을 전전했다. 외가인 경북 영천에 내려가 잠시 머물다가 문중이 있는 경북 영양으로 건너갔다. 1954년 안동으로 이사하고 이듬해 이문열은 안동 중앙국민학교에 입학했다. 1956년 다시 서울로 올라오지만 전학증이 없어 여기저기 퇴짜를 맞다가 1957년 종암국민학교로 전학했다. 1959년 경남 밀양에 내려가 1961년 밀양국민학교를 졸업했다. 생애 처음이자 마지막 졸업이 된다.

아버지의 음성도, 얼굴도 기억하지 못했지만 이문열은 아버지의 그늘 속에 살았다. 연좌제가 폐지되는 1981년까지 그에게 아버지는 천형과도 같았다. 대공 형사는 어머니와 5남매의 주위를 맴돌았다.

"수상한 언동은 하지 않습디까?"

동네 사람들에게 캐묻는 통에 한 동네에 오래 머물 수 없었다. 이웃의 눈총과 형사의 감시를 피해 그들은 도회를 떠돌았다.

1953년 정전 협정이 체결된 이후에도 이문열의 어머니는 한동안 두 가지 원칙을 고수했다. 첫째는 경찰의 주거지 파악에 벗어나 있어야 한다는 것, 둘째는 급변 사태로 인해 체포되더라도 도회지여야 한다는 것이었다. 전시의 부역자 집단 학살은 대부분 개전 초기에 일어났고, 대도시에선 그나마 법적인 절차에 따라 처형되었기 때문이다. 이문열의 소설에 나타나는 이념에 대한 불신과 허무주의는 부친의 부재에 따른 가정의 파탄과 관련이 깊다.

《변경》에는 월북한 아버지를 둔 명훈, 영희, 인철 3남매가 등장한다. 소설가가 되기로 마음먹는 셋째 인철은 이문열의 분신이다. 이문열은 인철의 입을 빌려 말한다.

"아아, 아버지, 아버지. 얼굴은 말할 것도 없고 제대로 된 사진조차 본 적이 없는 그 막연한 추상, 그러나 집 안 구석구석 살아서 떠돌며 끊임없이 재난과 불행의 먹구름을 몰고 오던 두렵고 음산한 망령, 정액 몇 방울의 의미로서는 너무 무겁던 내 삶의 부하負荷였으며, 알 수 없는 원죄를 내 파리한 영혼에 덮씌우던 악몽, 깊은 밤 선잠에서 깨어나 듣던 어머님의

애절한 흐느낌과 몽롱한 내 유년 곳곳에서 한과도 같은 그리움을 자아내던 이였으되 또한 듣기만 해도 놀라움과 두려움으로 소스라쳤던 이름의 주인……."

*

1961년 5월 군사 정변으로 정권을 잡은 박정희는 대대적인 농지 개간을 추진했다. 연좌제를 지양하겠다는 얘기도 돌았다. 마침내 어머니는 귀향을 결심했다. 선산발치에 있던 2만 평의 야산을 개간해 삶의 터전으로 삼기로 한 것이다.

이문열의 고향인 경북 영양군 석보면에는 중학교가 없었다. 홀로 밀양에 남은 이문열은 고아원에 들어가 중학교에 입학했다. 고아원생은 입학금과 월사금이 면제였다. 그렇게 한 학기를 보냈지만 궁핍함과 외로움을 더는 견딜 수 없었다. 기어이 어머니를 설득해 학교를 그만두고 귀향길에 올랐다.

객지살이를 마치고 돌아간 고향은 그야말로 경이였다. 고향 마을에는 일가친척만 백여 호가 있었다. 대학생도 열 명은 되었다. 이문열은 집집이 돌며 책을 거두었다. 비가 오면 밭일을 쉬고 책을 읽었다. 오랜 겨울도 책 읽기에 좋았다. 제도 교육을 벗어나 책만 읽다 보니 아무래도 쉽게 읽히는, 문학에 편중한 독서를 했다. 틈틈이 고입 검정고시도 준비했다. 고향에 머문 3년 동안 형성된 고향과 문중에 대한 애착은 훗날 여러 작품의 모태가 된다.

1965년 이문열은 검정고시로 안동고등학교에 입학하지만 학교생활에 적응하지 못하고 1년 만에 중퇴한다. 식구들은 개간지를 헐값에 처분하고 부산에 정착한 뒤였다. 그는 가족을 따라 부산으로 간다.

*

같은 시기 《변경》의 인철도 중학교 진학을 위해 밀양에 남아 고아원에 입소한다. 떠날 채

비를 하는 인철을 바라보며 어머니는 넋두리한다.

"아이고 이 양반아, 어디 있노? 인제는 당신 한 몸뿐 아니라 내꺼지 죽었데이. 야들이 고아원 가는 거는 당신하고 내하고 다 죽었다는 말 아이가? 몸이 살았다고 다 사는 기가? 시퍼렇게 눈 뜨고도 자식새끼 고아 맨들은 그게 바로 죽은 기제. 그래 인제 이래 되이 좋나? 아이, 이래 안 하믄 혁명이고 건국이고 안 되겠드나? 늙은 어마이 젊고 어린 처자슥 다 안 자(잡아)먹고는 혁명이고 건국이고 안 되겠드나? 세상에 참말로 별난 혁명 다 봤데이, 참말로 몸서리나는 건국이데이……."

*

부산에서 전학할 요량이었지만 시기를 놓치고 말았다. 이문열은 방구석에 틀어박혀 닥치는 대로 책을 읽었다. 그해에만 족히 5백 권은 읽었다. 사르트르, 니체, 키르케고르, 하이데거를 접하고 실존주의에 빠져들었다. 그즈음 이문열은 장차 무엇이 되던 문장이 주요한 도구가 될 것이라 예감하고 문장의 구성과 서술 방식을 연마했다. 그러나 소설가가 될 생각은 없었다.

그사이 친구들은 하나둘씩 대학에 진학했다. 또래보다 한참 뒤처지고 있다는 생각에 이문열은 불안과 초조를 느꼈다. 이문열은 대입 검정고시를 치르기로 했다.

*

젊은 날의 방황과 고뇌를 다룬 이문열의 자전적 소설 《젊은 날의 초상》에는 대학 입시를 앞둔 주인공이 나온다. 주인공의 일기장엔 이런 구절이 있다.

"이제 너를 위해 주문을 건다. 남은 날 중에서 단 하루라도 그 계획량을 채우지 않거든 너는 이 시험에서 떨어져라. 하늘이 있다면 그 하늘이 도와 반드시 떨어져라. 그리하여 주정

뱅이 떠돌이로 낯선 길바닥에서 죽든 일찌감치 독약을 마시든 하라."

*

1967년 이문열은 대입 검정고시에 합격하고 1968년 서울대학교 사범대학 국어교육과에 입학했다. 전공 선택은 간단했다. 연좌제에 걸려 경찰이나 군인, 고위 관료는 될 수 없었고, 외국에 나가 공부하는 학문도 단념해야 했다. 이것저것 빼고 나니 남는 건 국사와 국어뿐이었다. 그는 국어를 택했다.

대학에 들어와서도 여전히 학교를 겉돌았다. 한 학기를 다니고 휴학했다. 고향에서 남는 시간을 죽이다 봄이 되어 복학했다. 친구의 권유로 사대 문학회 활동에 참여했다. 그때 처음 소설이란 것을 썼다. 〈이 황량한 역에서〉라는 작품이다.

문학회 활동으로 학교생활에 과녁이 잡히면서 서서히 적응하는 듯했으나 가난과 방랑벽이 발목을 잡았다. 입주 가정 교사로 들어간 집에선 늦은 귀가와 술 때문에 쫓겨나기 일쑤였다. 가정 교사 자리를 다시 구할 때까지 친구들의 자취방을 전전했다. 그리 원치 않는 학업을 마치기 위해 이렇게까지 해야 할까. 회의와 번민은 커져만 갔다.

1970년 이문열은 고시 공부를 핑계 삼아 대학을 중퇴하고 고향에 돌아간다.

*

나름의 포부와 전망을 안고 시작했지만 쉬이 지치고 말았다. 사법 시험과 무관한 책을 읽고 잡문을 끄적거렸다. 찬바람이 불기 시작할 때야 밀쳐놓은 법학 서적을 펼쳤다. 두어 달 공부해서 붙을 수 있는 시험이 아니었다. 이문열은 세 번 연속 낙방했다. 문예지 신인 원고 공모에도 연거푸 떨어졌다. 그렇게 3년이 훌쩍 지나갔다. 이문열은 술로 세월을 보냈다.

*

1973년 이문열은 박필순과 결혼하고 한 달 뒤 입대했다. 스물여섯의 나이 든 신병은 경계 근무를 서면서 한시를 암송했다. 1976년 제대하고 대구로 건너가 고시 학원에서 강사 생활을 했다. 수학을 제외한 모든 과목을 가르쳤다. 생업에 열중하면서도 틈틈이 글을 썼다. 1977년 이문열은 대구 매일신문 신춘문예에 단편 소설 〈나자레를 아십니까〉로 가작 입선했다. 그래도 달라질 건 없었다. 그는 여전히 무명에 가까운 가난뱅이였다.

*

1978년 만 서른 살이 되었다. 당시 대부분의 직장은 신입 사원 응시 연령을 만 30세 이하로 제한했다. 그해를 넘기면 안정된 삶의 궤도에 올라탈 수 없었다. 마침 매일신문 기자 공채가 있었지만 대졸 학력을 요구했다. 이문열은 신문사로 전화를 넣었다.

"학력의 '력' 자가 '이력'할 때의 력歷입니까, 힘력力입니까?"

수화기 저편에서 웃음소리가 들렸다. 왜 묻느냐고 하자 힘력이면 시험을 보겠다고 답했다. 그럼 한번 응시해 보라는 얘기에 필기시험을 치렀고 통과했다. 동시에 지원한 공기업과 면접시험이 겹쳤지만 이문열은 문학과 가까워 보이는 신문사를 택했다. 그렇게 그는 신문 기자가 되었다. 6개월의 수습 기간을 마치고 편집부로 발령받아 기사를 배치하고 제목을 뽑았다. 비교적 한가한 자리였다. 하루에 두어 시간 일하고 남는 시간에는 신문사 자료실에서 책을 읽었다.

1978년 11월 이문열은 동아일보 신춘문예에 중편 소설 부문이 신설된다는 공고를 보았다. 그날 저녁 집에 돌아와 묵은 원고더미를 뒤졌지만 마땅한 작품이 없었다. 〈사람의 아들〉은 문예지에서 낙방한 경험이 있었고, 〈그해 겨울〉과 〈알타미라(훗날의 들소)〉는 신춘문예 경향과 맞지 않았다. 이문열은 군대 얘기를 소재로 새 작품을 쓰기로 했다. 밤낮없이 몰아쳐 20여 일 만에 완성했지만 다 쓰고 나니 시대 상황이 마음에 걸렸다. 군사 정권하에서 군

생활을 부정적으로 묘사한 작품이 심사를 통과할 수 있을까. 원고를 보내며 이문열은 당선의 기대를 접었다.

그해 12월 22일 회사로 전화가 걸려 왔다. 그리고 흘러나온 첫마디.

"이문열 씨요?"

본명 이열이 아니라 이문열로 불림으로써 신춘문예와 관련된 전화임을 직감했다. 1979년 1월 이문열은 동아일보 신춘문예에 〈새하곡塞下曲〉이 당선되면서 문단에 등장한다.

*

1979년 1월 이문열의 신춘문예 당선 소감.

"지난 몇 년은 참으로 쓸쓸한 세월이었다. 그 염염한 불면의 밤들, 수없이 비워지던 잔, 삼십 분마다의 절망… 재작년에야 겨우 매일每日에 가작佳作을 냈지만 여전히 빈곤貧困과 무명無名은 나의 오래인 벗이었다. 이제 그들은 떠나려는가. 무겁던 서른의 나이가 오히려 가볍다. 감사하다. 살아 있는 모든 이들, 존재하는 모든 것이여. 그래도 가장 좋은 것은 앞날에 남아 있으리. 우리의 출발은 그것을 위해 있었으리."

*

등단 직후 이문열은 《세계의 문학》 봄호號에 실릴 중편 소설을 청탁받았다. 이문열은 예의 원고더미에서 〈사람의 아들〉을 꺼냈다.

1972년 여름부터 이듬해 봄까지 이문열은 원고지 350장 분량의 중편 소설을 썼다. 이 작품을 《문학사상》 신인 원고 공모에 보내고 입대했다. 반년 뒤 첫 휴가를 나와 철 지난 잡지를 들추었지만 예심도 통과하지 못했다. 그때 그 작품이 바로 〈사람의 아들〉이었다.

이문열의 어머니는 아버지의 월북 이후 기독교를 받아들였다. 기독교 신자라고 면죄부가 주어지진 않았지만 연좌제의 폐단에 상당한 울타리가 되어 주었다. 청년 시절 이념 문제에 몰두했던 이문열은 헤브라이즘을 이해하기 위해 복음서와 서신서, 신학대사전 등을 탐독했다. 그때 얻은 의문들로 〈사람의 아들〉을 구상하게 되었다. 1973년 중편으로 쓰인 〈사람의 아들〉은 오늘날 소설에서 고대 이스라엘 부분에 해당한다.

한 차례 실패를 경험한 이문열은 젊은 신학도와 그의 죽음을 수사하는 형사 이야기를 액자 구조로 넣고 관념적인 부분은 과감히 뺐다. 그런 뒤에 《세계의 문학》으로 보냈다. 그런데 잡지사에서 봄호에 게재하는 대신 오늘의 작가상에 응모하라는 연락이 왔다. 이문열은 그대로 따랐다. 그리고 그해 5월 오늘의 작가상을 수상한다. 〈사람의 아들〉은 단행본으로 나오자마자 폭발적인 인기를 끌었다. 현재까지 누적 판매 부수는 230만 권을 상회한다.

*

이문열의 수상에는 뒷이야기가 있다. 제3회 오늘의 작가상 심사 위원들은 "과도한 관념과 추리 부문의 허점"을 지적하며 가작을 주장했다. 그러나 오늘의 작가상을 제정한 민음사의 박맹호 회장은 이문열의 가능성에 무게를 두고 당선작으로 결정했다. 이렇게 탄생한 〈사람의 아들〉은 한국 현대 문학의 고전이 되었다.

*

데뷔 첫해부터 이문열은 베스트셀러 작가가 되었다. 동년배 작가들에 비해 등단이 늦었던 이문열은 허송한 세월을 만회하듯 작품을 쏟아 냈다. 1979년 한 해에만 중단편 8편을 발표했다. 1980년엔 장편 1편과 중단편 8편을 선보였다. 1981년 작품 활동에 매진하기 위해 신문사를 그만두고 중단편 6편을, 1982년 장편 2편과 중단편 7편을 내놓으며 다작을 이어 갔다.

발표하는 작품마다 화제를 모았다. 1981년 《젊은 날의 초상》, 《어둠의 그늘》, 〈금시조〉, 1982년 《황제를 위하여》, 〈익명의 섬〉, 1983년 《레테의 연가》, 1984년 《영웅시대》, 1987년 〈우리들의 일그러진 영웅〉, 1988년 《추락하는 것은 날개가 있다》 등 많은 작품이 평단과 대중의 찬사를 받았다. 수년 연속 대학생이 좋아하는 작가로 꼽히기도 했다. 그러는 동안 1979년 오늘의 작가상, 1982년 동인문학상, 1983년 대한민국문학상, 1984년 중앙문화대상, 1987년 이상문학상 등 국내 주요 문학상을 휩쓸었다. 1980년대는 그야말로 이문열의 시대였다.

*

1980년대 서점가를 휩쓴 이문열 신드롬의 근원은 무엇이었을까. 다수의 전문가들은 이문열 소설의 교양주의적 요소를 지목한다. 국민들의 교육 수준과 경제 여건이 향상되면서 인문적 교양에 대한 욕구가 증대되었고, 이론서보다 쉽게 읽히는 문학을 통해 지적 욕구를 충족시켰다는 분석이다. 이문열은 문학 평론가와 대담하며 자신의 소설이 현학적이란 지적에 항변한 바 있다.

"독자가 책을 선택할 때 일정한 양의 교양적 욕구가 분명히 있습니다. 그런데 이런 부분을 우리 문학이 너무 등한시한다는 느낌을 받을 때가 많습니다. (…) 따라서 글을 쓸 때는 언제나 그러한 독자들의 욕구를 기억하려고 애씁니다."

*

예술가 소설은 이문열 문학의 주요한 갈래다. 1979년 발표한 〈들소〉를 통해 이문열은 정치와 사회 어디에도 복속되지 않는 예술을 위한 예술을 표방했다. 이문열의 예술 지상주의는 1981년 발표한 〈금시조〉에도 잘 나타난다. 서화가書畫家 고죽은 예술관을 놓고 스승과

논쟁을 벌인다. 고죽이 먼저 묻는다.

"선생님 서화는 예藝입니까, 법法입니까, 도道입니까?"

"도다."

"그럼 서예書藝라든가 서법書法이라는 말은 왜 있습니까?"

"예는 도의 향이며, 법은 도의 옷이다. 도가 없으면 예도 법도 없다."

(…)

"먼저 사람이 되기 위해서라면 이제 예닐곱 살 난 학동들에게 붓을 쥐어 자획을 그리게 하는 것은 어찌된 일입니까? 만약 글씨에 도가 앞선다면 죽기 전에 붓을 잡을 수 있는 이가 몇이나 되겠습니까?"

"기예를 닦으면서 도가 아우르기를 기다리는 것이다. 평생 기예에 머물러 있으면 예능藝能이 되고, 도로 한 발짝 나가게 되면 예술이 되고, 혼연히 합일되면 예도가 된다."

"그것은 예가 먼저고 도가 뒤라는 뜻입니다. 그런데도 도를 앞세워 예기穢氣를 억압하는 것은 수레를 소 앞에다 묶는 겪이 아니겠습니까?"

*

1980년대 초반 출판계는 세로쓰기에서 가로쓰기로, 국한문 혼용에서 한글 전용으로 전환되고 있었다. 민음사 박맹호 회장은 한글세대 독자에 걸맞은 현대적 문체와 서사의 삼국지를 새로 써 보라고 이문열에게 권했다. 처음에 그는 썩 내키지 않았다. 창작물도 써야 할 것들이 많은데 굳이 번역물에 시간을 빼앗기고 싶지 않았다. 하지만 자기가 쓴 모든 책보다 번역한 《삼국지》가 더 많이 팔렸다는 일본 작가 요시카와 에이지의 인터뷰를 접하고 부업 삼아 해 보기로 결심했다. 이문열은 대만과 일본을 방문해 여러 종류의 판본을 입수하고 집필에 들어갔다.

1988년 10권으로 완간된 이문열 《삼국지》는 과연 요시카와의 말대로 초대형 베스트셀러가 되었다. 1994년 서울대 인문 계열에 수석 합격한 학생이 "삼국지를 다섯 번이나 읽었

다"면서 논술 고사 비결을 밝혀 입시 시장에 《삼국지》 광풍이 불었다. 현재까지 1천8백만
부 이상 팔렸다. 요즘도 매년 20~30만 부가 나간다.

중국 고전에 남다른 관심을 가지고 있는 이문열은 1991년 《수호지》를 평역하고, 2008년
《초한지》를 출간한다.

*

"전쟁 같은 밤일을 마치고 난 / 새벽 쓰린 가슴 위로 / 차거운 소주를 붓는다 / 아 / 이러다
간 오래 못가지 / 이러다간 끝내 못가지"

노동자 시인 박노해가 〈노동의 새벽〉을 노래한 1980년대 문단의 주류 담론은 민족 문학,
민중 문학, 노동 문학이었다. 많은 작가들이 민중을 주체로 문학 운동의 성격이 강한 작품
을 앞다투어 발표했다. 이러한 시대적 요청에 이문열은 응답하지 않았다. 민중주의자들이
말하는 정의와 참여가 그에게는 다수의 억압과 횡포로 여겨졌다. 획일주의를 거부한 이문
열은 무이념無理念을 이념으로 삼았다. 그가 추구한 탐미주의, 예술 지상주의는 양자택일
의 곤혹함을 벗어날 적당한 구실이 되기도 했다.

1984년 이문열은 월북한 좌파 지식인과 남한에 남겨진 가족들의 수난을 그린 《영웅시대》
를 발표했다. 이 작품으로 그는 보수주의자로 지목되어 운동권의 공격을 받았다. 반대 세
력에선 그를 두고 "변혁에 대한 전망이 결여되어 있고 민중에 대한 불신이 역사 허무주의
를 이루고 있다"고 비판했다. 1984년 3월부터 1987년 3월까지 이문열은 작품 발표를 중
단한다. '시대와의 불화'는 그렇게 시작되었다.

*

다시 《변경》을 읽는다.

"당신들은 내 전망의 결여를 걱정하지만 나는 오히려 지나치게 무성한 당신들의 전망을 걱정한다. 당신들은 내 무이념을 의심쩍어하지만 나는 또한 오히려 당신들의 이념 과잉이 못 미덥다."

*

1991년 이문열은 조선 후기의 방랑 시인 김병연의 생애를 다룬 《시인》을 펴냈다. 이문열은 역적의 자식인 김병연에 빨갱이의 자식인 자신을 투영했다. 한 일간지에서는 "김삿갓의 허구적 전기, 그리고 작가 이문열의 위장된 자서전"이라 평했다.

*

1994년 이문열은 명성황후 시해 사건을 다룬 희곡 〈여우 사냥〉을 발표했다. 〈여우 사냥〉이란 제목은 일본 자객이 붙인 명성황후 암살 계획의 암호명에서 따왔다.
이듬해 명성황후 시해 백주기를 맞아 뮤지컬 〈명성황후〉로 각색되었다. 연출가 윤호진은 애초 뮤지컬을 염두에 두고 친구인 이문열에게 작품을 의뢰했다. 〈명성황후〉의 음악 감독은 박칼린이 맡았다. 뒤의 일이지만 원작자와 음악 감독으로 만난 인연이 계기가 되어 이문열은 그녀를 모델로 한 소설 《리투아니아 여인》을 발표하고 동리문학상을 받는다.
〈명성황후〉는 1997년 우리 뮤지컬 사상 최초로 뉴욕 브로드웨이 63번가 링컨센터 무대에 올랐다. 국내에선 2007년 창작 뮤지컬 최초로 100만 관객을 돌파했다.
이문열의 캐릭터 구축과 역사 재해석 능력은 2010년 안중근 의사의 일대기를 다룬 《불멸》에서도 여실히 증명된다. 《젊은 날의 초상》, 《영웅시대》, 《추락하는 것은 날개가 있다》, 〈우리들의 일그러진 영웅〉 등 이문열의 작품은 서사 구조가 강하기 때문에 영화나 드라마, 연극 등 다른 장르로 바꾸기가 쉽다.

*

1994년 8월 이문열은 세종대 국문학과 전임 교수로 임명되었다. 첫 학기에는 〈현대소설론〉과 〈문학개론〉을 가르쳤다. 세종대의 거듭된 요청을 뿌리치지 못하고 수락했으나 임용 과정에서 잡음이 일었다. 그를 반기는 학생도 많았지만 학생회 일부가 정상적인 교수 채용 절차를 거치지 않았고 강의 능력도 검증되지 않았다며 공개 강의를 요구했다. 그해 12월 교육부는 교수자격심사위원회를 열어 이문열의 교수 자격을 심사하기도 했다.

이문열은 현업 작가답게 실용 위주로 커리큘럼을 재편했다. 한국대학신문에서 실시한 설문 조사에 따르면 이문열 교수의 강의 만족도는 비교적 높은 편이었다. 반대 의견도 있었다. 한 학기에 걸친 이론 강의보다 자투리 삼아 들려준 창작 에피소드가 더 인상적이었다는 평도 나왔다. 1997년 이문열은 창작에 전념하기 위해 교수직을 사임했다.

*

1996년 이문열은 또다시 논쟁의 중심에 선다. 《세계의 문학》 가을호에 《선택》을 발표하면서 페미니즘 논쟁이 벌어졌다. 당시 대중문화계엔 페미니즘 바람이 거셌다. 영화와 드라마, 문학에선 주체적 여성 주인공을 내세워 남성 위주의 사회를 비판했다. 결혼 제도를 부정하고 다중 연애를 즐기는 여성상도 제시되었다. 페미니즘의 홍수였다.

이문열은 조선 시대 안동에 살았던 장씨 부인의 입을 빌려 과도한 여성 운동을 꼬집었다.

"너희 논객들은 입을 모아 말한다. 자기의 일을 가져라. 자아를 되찾아라. 남편과 아이들로부터 벗어나라. 가정에서 해방돼라. 그런데 내게는 그런 권유들이 마치 자기 성취를 원하는 여성에게는 가정은 감옥이고 남편은 폭군이며 아이들은 족쇄라고 외치는 것처럼 들린다."

당시 방송인 전여옥은 "아주 잘 쓴 잡품雜品인 《선택》은 여성 독자에 대한 정신적 성폭력이다"고 주장했다. 한편 소설가 이순원은 "저속하고 천박하게 추구되는 페미니즘에 대한 비판으로 읽어야 한다"고 맞섰다.

*

문청 시절 방 한 칸에 세끼 밥걱정 없이 글을 쓰는 것이 소원이었던 이문열은 후배들을 위
해 현대판 서원을 열기로 했다. 1998년 이문열이 사재를 털어 설립한 부악문원은 수업료
는 물론 숙식도 무료였다.

2년 과정의 1기 숙생 모집에는 5명 정원에 150여 명이 지원했다. 지원자는 대학생부터
83세 할머니까지 다양했다. 이문열과 숙생들은 일주일에 이틀은 사서四書와 플라톤을 읽
었고 하루는 필름이 끊기도록 술을 마셨다.

4기 숙생을 끝으로 현재 부악문원은 문인들의 창작 레지던스로 운영되고 있다.

*

1987년 이문열은 일본을 통해 월북한 아버지의 서신을 받았다. 편지에는 "아직도 이 민족
과 나라는 나의 실존이다"라는 말이 있었다. 1998년 중국 연길의 교포를 통해 다시 아버
지의 서신을 받은 이문열은 이듬해 1월 조선일보 지면을 빌려 답신을 올렸다.

"오랫동안 아버님은 제게 한 추상이었습니다. 그 추상이 현실의 존재로 환원되는 그 순간
이 어떨 것인지 지금은 아무 가늠이 서지 않습니다. 그러나 그 순간을 기대하는 마음은 그
어느 때보다 간절합니다. 부디 그날까지 옥체 만안하십시오."

이문열은 김정일에게 방북 허용을 요청하는 편지도 함께 보냈다. 북한 당국은 부친의 고령
과 쌀쌀한 날씨 등을 구실로 즉답을 피했다.

1999년 8월 이문열과 그의 형은 49년 만에 아버지를 만나기 위해 중국 연길로 갔다. 그
러나 도착 이튿날 조선족 중개인을 통해 아버지의 부음을 접했다. 형제는 중국과 북한의
접경 지역인 두만강 어귀에서 망제를 지냈다. 이문열은 아버지를 만나면 드리려고 가져온
고향 경북 안동의 물로 빚은 술을 제상祭床에 올렸다. 그리고 아버지가 묻힌 함경북도 어
랑군을 향해 절을 올렸다.

*

이문열의 부친 이원철은 북에서 재혼해 5남매를 더 두었다. 월북 이후 몇 년간은 그런대로 지냈지만 박헌영의 남로당계가 김일성에 의해 숙청되면서 내리막길을 걸었다. 이원철은 국경 지역의 협동농장 평농장원으로 평생을 보냈다. 아오지 탄광에서 일하는 것과 크게 다르지 않았다.

남쪽에 남겨진 가족들이 치르는 고난이 북쪽에선 제값을 하리라 믿었다. 그러나 북쪽의 가족도 마찬가지였다. 남쪽에서 건너온 아버지 때문에 배 다른 형제는 대학 입학 허가도 나오지 않았다. 한국 현대사의 비극은 남과 북의 가족 모두에게 커다란 상처를 남겼다.

*

1990년대 후반부터 이문열은 한국 문단의 대표 작가에서 보수계의 대표 논객으로 주목받기 시작했다. 보수 언론에 기고한 칼럼들로 비판 여론이 거세졌다. 인터넷 커뮤니티에선 그에 대한 비방이 넘쳐났고 안티 세력도 등장했다. 그는 점점 '보수 괴물'이 되어 갔다.

*

2001년 11월 책 장례식이 열렸다. 이문열의 정치적 발언에 반발한 40여 명은 경기도 이천 부악문원 앞에서 그의 책 733권을 쌓아 운구하듯 옮겼다. 행렬의 선두에는 초등학생 아이가 책 표지로 만든 영정을 들고 있었다. 그들은 조시를 낭송하고 성명서를 발표했다. 그들은 시민 단체 회원을 홍위병으로 몰아세운 이문열의 칼럼을 강력 규탄했다.

그해 7월 이문열은 언론사 세무 조사를 비판하는 칼럼을 조선일보에 기고했다. 논란이 일자 〈홍위병을 떠올리는 이유〉라는 제하의 시론을 동아일보에 기고하면서 '소수에 의한 다

수 위장', '비전문적 정치 논리에 의지한 전문성 억압', '안티 운동에서 전형적으로 드러나는 공격성과 파괴성' 등을 이유로 일부 시민 단체 회원들이 중국 문화 혁명을 주도했던 홍위병을 떠올리게 한다고 주장했다.

세계 문화사에 유례가 없는 책 장례식에 문단은 침묵을 지켰다. 어느 누구도 나서서 저지하지 않았다. 소설가 박완서만이 책 장례식은 문학을 모독하는 일이라는 입장을 밝혔다.

*

이문열은 산문집 《신들메를 고쳐매며》에서 인터넷 광장의 타락을 경계했다.

"지금의 인터넷 광장을 더욱 고약하게 뒤틀어 놓는 것은 익명성이다. 광장의 공개성 뒤에 숨어 있는 익명성은 재래의 광장에서 가면을 쓰고 나온 군중보다 훨씬 위험하다. 익명성 뒤에 숨어 아이디만의 분신술分身術이나 제 글 제가 퍼오기, 그리고 다른 아이디를 단 파렴치한 동어 반복으로 다수를 위장할 수 있기 때문이다. 익명성 뒤에 숨은, 기껏해야 몇 십명의 교묘한 조작에 놀아나면서도 사회 전체의 의분義奮과 결의에 참여하고 있는 듯 착각하게 만들 수 있기 때문이다."

061

*

2003년 한나라당은 불법 대선 자금 문제로 위기를 맞는다. 2004년 17대 총선을 앞두고 부패 정당의 오명을 벗기 위해 인적 쇄신에 돌입한다. 공천심사위원장은 김문수 당시 국회의원이 맡았고 공천심사위원으로 당 내외 인사 14명을 임명했다. 이문열은 외부 공천심사위원 7명 중 한 명이었다. 이문열은 "우리 사회에는 보수, 지성인이 여러모로 몰려 한나라당이 건전한 보수로 남아 있길 바라는 의미에서 참여하게 됐다"고 말했다.

75일간의 공천심사위원회 활동에 대해 진보 진영은 80년대 문학의 사회 참여에는 비판적이다가 이제 와 직접적인 정치 참여를 하는 것은 이중적 행태라며 질책했다.

*

2005년 12월 이문열은 미국으로 떠났다. 그동안 목소리를 냈던 사회 현실로부터 거리를 두고 작품 활동에 매진했다. 체류 작가 신분으로 버클리대학에 1년, 하버드대학에 2년을 머물며 《호모 엑세쿠탄스》를 집필했고, 동아일보에 《큰바람 불고 구름 일더니》라는 제목으로 연재를 마친 작품을 개작해 《초한지》로 내놓았다.

*

2006년 이문열은 《호모 엑세쿠탄스》를 출간했다. '호모 엑세쿠탄스Homo Executans' 는 '처형하는 인간'이라는 뜻으로 그가 만든 조어다. 386 운동권 출신인 주인공이 '처형하는 인간'으로 변모하는 과정을 그렸다. 이문열은 서문을 통해 소설은 소설로 봐 달라고 했다. 언론은 이문열의 당부를 따랐다. 다만 현실 정치를 풍자한 정치 소설로 읽었다. 문제가 된 내용의 일부는 다음과 같다. 노무현 대통령 탄핵을 텔레비전으로 보던 손님이 말한다. "탄핵 역풍 맞아 열우당이 다수당 되어도 그래. 아마도 386 찌꺼기들이나 홍위병 세력의 요행수 국회 진출은 늘겠지만, 그 탄돌이 의원들이 많을수록 오히려 이 정권의 수명을 빨리 갉아먹게 될 걸."

*

정치적 논란을 예견이라도 한 듯 이 책의 서문에서 이문열은 말한다.

"막말로, 엎어져도 왼쪽으로 엎어져야 하고 자빠져도 진보 흉내를 내며 자빠져야 한다는 소리와 다름이 없다. 어떻게 해서 특정한 이념이나 정치적 노선에 동조해 발언하는 것은 치열한 작가 의식이요 투철한 산문 정신이며, 거기 상반되는 이념이나 정치적 성향을 드러 내는 것은 온당치 못한 문학이고 무책임한 정치 개입이 되는가. 간청하노니, 문학평론가라 기보다는 설익은 정치평론가 여러분, 아니 지각한 좌파 논객 제군, 제발 소설은 소설로 읽 어 달라. 또 간청하노니 독자에게서 스스로 읽고 판단할 기회를 빼앗지 말라. 근거 없는 문 학론으로 재단된 선입견을 심어 독자로부터 이 소설을 차단하려 들지 말라."

*

2014년 이문열은 책 장례식 때 절판시켰던 《변경》을 개작해 재출간했다. 이문열은 개정 판 서문에서 이렇게 말한다.

"80년대 없는 오늘을 상상할 수 없듯이 60년대 없는 80년대는 허구일 뿐이다. 나는 처음 80년대의 뿌리를 더듬어 보고 싶어 60년대 이야기를 시작했는데, 이제 80년대를 다시 얘 기하려고 보니 절판시킨 《변경》의 60년대를 살려 내지 않을 수 없었다. 마침내 한 세대를 넘겼으니 80년대 이야기도 지역감정과 이념의 검열에서 자유로울 때가 되었다."

063

*

2015년 4월 1일 이문열은 차기작 집필에 돌입했다. 1960년대를 다룬 《변경》의 후속으 로 1980년대를 조명할 예정이다. 그가 쓸 소설에는 5·18 민주화 운동을 비롯해 근대사의 아물지 않은 상처가 포함될 수밖에 없다. 30년도 더 지난 일이지만 우리 사회의 뿌리 깊은 이념과 지역 갈등은 과거사를 과거에 남겨 두지 못하게 한다. 이문열은 3년 뒤 출간을 목 표로 하고 있다. 그땐 그도 만 70세다. **b**

PERSONAL HISTORY

1948 서울시 종로구 청운동에서 3남 2녀 중 3남으로 태어나다(음력 5월 18일). 본명은 이열李烈.

1950 6·25 전쟁이 발발하자 공산주의자였던 부친이 월북하다. 어머니와 5남매는 경북 영양으로 이주하다.

1955 안동 중앙국민학교에 입학하다.

1957 서울로 이주해 종암국민학교로 전학하다.

1959 경남 밀양으로 이사해 밀양국민학교로 전학하다.

1961 밀양국민학교를 졸업하다. 밀양중학교에 입학하지만 5개월 만에 그만두고 경북 영양으로 돌아가다.

1962 큰형의 황무지 개간을 돕다.

1964 고입 검정고시에 합격해 서울 강문고등학교에 입학하나. 석 달 만에 그만두나.

1965 안동고등학교에 입학하지만 이듬해 중퇴하고 부산으로 이사하다.

1968 대입 검정고시에 합격해 서울대학교 사범대학 국어교육과에 입학하다.

1970 대학을 중퇴하고 사법 고시를 준비하다.

1973 사법 고시에 3번 실패하다. 박필순과 결혼하고 입대하다. 맏아들 재웅在雄이 태어나다.

1976 제대하고 경북 영양에 잠시 머무르다. 대구로 이주해 고시 학원에서 강의하다.

1977 대구 매일신문 신춘문예에 단편 소설 〈나자레를 아십니까〉로 가작 입선하다. 이문열李文烈이란

필명을 사용하다. 둘째 아들 재유在由가 태어나다.

1978 대구 매일신문에 기자로 입사하다.

1979 동아일보 신춘문예에 중편 소설 〈새하곡〉이 당선되다. 《사람의 아들》로 오늘의 작가상을 수상하다.

1981 대구 매일신문을 그만두고 창작에 전념하다. 《젊은 날의 초상》을 발표하다.

1982 〈금시조〉로 동인문학상을 수상하다. 딸 기혜沂慧가 태어나다.

1983 《황제를 위하여》로 대한민국문학상 신인상을 수상하다. 《레테의 연가》를 발표하다.

1984 《영웅시대》로 중앙문화대상을 수상하다.

1987 〈우리들의 일그러진 영웅〉으로 이상문학상을 수상하다.

1988 평역 《삼국지》를 펴내다. 《추락하는 것은 날개가 있다》를 발표하다.

1991 《시인》을 출간하다. 《수호지》를 평역하다.

1992 〈시인과 도둑〉으로 현대문학상을 수상하다. 대한민국 문화예술상(문학 부문)을 수상하다.
　　　　프랑스 문화예술공로훈장 수훈장을 받다.

1994 뮤지컬 명성황후의 원작인 희곡 〈여우사냥〉을 발표하다. 세종대 국어국문학과 교수로 임용되다.

1997 《선택》을 발표하다.

1998 이천에 부악문원을 설립하다. 〈전야 혹은 시대의 마지막 밤〉으로 21세기문학상을 수상하다.

1999 《변경》으로 호암상 예술상을 수상하다.

2000 《아가》를 발표하다

2001 광산문학연구소를 개소하다. 홍위병 공방이 일다. 이문열 책 반환 행사가 벌어지다. 《변경》을 절판하다.

2004 한나라당 공천심사위원으로 활동하다.

2005 2009년 봄까지 미국에 체류하다. 버클리대학과 하버드대학에서 연구하다.

2006 《호모 엑세쿠탄스》를 발표하다.

2008 《초한지》를 출간하다.

2009 한국외국어대 인문대 석좌교수로 임용되다. 대한민국 예술원상(문학 부문)을 수상하다.

2010 《불멸》을 출간하다.

2012 《리투아니아 여인》으로 동리문학상을 수상하다.

2014 《변경》을 개작해 재출간하다.

comparison

〈우리들의 일그러진 영웅〉은 군중과 권력의 자화상이다.
주제 의식과 문학적 기법이 유사한 알레고리 소설들을 살펴본다.

1987년 이문열은 〈우리들의 일그러진 영웅Our Twisted Hero〉을 발표했다. 초등학교 교실을 무대로 군중과 권력의 상관성을 밝혔다. 그해 8월 김동리, 이어령, 이청준 등 이상문학상 심사 위원들은 "권력의 형성과 붕괴를 시니컬한 우의寓意로 절묘하게 묘사했다"며 그에게 수상의 영예를 안겼다.

줄거리는 다음과 같다. 1959년 주인공 한병태는 서울에서 작은 읍의 초등학교로 전학한다. 그곳에서 담임의 신임과 아이들의 복종을 받는 급장 엄석대를 만난다. 한병태는 엄석대에게 저항하지만 친구들의 따돌림을 받는다. 담임에게 일러도 소용이 없다. 결국 소외와 억압을 견디지 못하고 한 학기 만에 굴복한다. 굴종의 열매는 달다. 한병태는 체제에 순응하고 만족한다. 6학년이 되면서 새 담임이 부임한다. 담임은 엄석대가 부정행위로 전교 1등을 해 왔다는 사실을 밝혀낸다. 엄석대는 물론이고 시험지에 이름을 바꿔 써 준 아이들도 매를 맞는다. 담임의 추궁에 아이들은 엄석대의 비행을 낱낱이 고발한다. 오직 한병태만 입을 굳게 닫는다. 엄석대는 쫓기듯 교실을 떠나고 다시 돌아오지 않는다.

〈우리들의 일그러진 영웅〉에 나타난 군중은 지배 체제에 자발적으로 순응하는 태도를 보인다. 그러나 기존 권력을 능가하는 새로운 권력이 나타나자 곧바로 돌아선다. 엄석대가 몰락한 뒤에야 덤벼드는 아이들을 한병태는 차갑게 응시한다.

"처음에는 마지못해 선생님만 쳐다보고 머뭇머뭇 밝히다가 한 번호 한 번호 뒤로 물릴수록 차츰 목소리가 커지면서 눈을 뻔쩍이며 쏘아보는 석대를 향해 말하기 시작했다. 그리고 나중에는 '임마' '새끼' 같은 전에는 감히 입 끝에 올려 보지도 못한 엄청난 욕들을 섞어 선생님께 고발한다기보다는 석대에게 바로 퍼대는 것이었다."

파리 대왕 Lord of the Flies

윌리엄 골딩 지음, 1954년 발표

인간 내면의 악한 본성을 파헤치다

1954년 영국 작가 윌리엄 골딩은 《파리 대왕》을 발표했다. 제2차 세계대전으로 황폐화된 인간의 내면을 탁월한 문학성으로 풍자했다는 평가를 받으며 1983년 노벨 문학상을 수상했다. 제목인 '파리 대왕'은 성경에 나오는 바알세불Baalzeboul을 의미한다. 바알세불은 파리의 몰골을 한 악마의 우두머리다.

핵선생이 일어난 어느 미래, 6~12세의 영국 소년들을 후송하던 비행기가 태평양의 무인도에 불시착한다. 이들은 열두 살 랠프를 대장으로 선출하고, 소라를 쥔 사람이 발언권을 갖도록 하는 등 나름의 민주적 질서를 세운다. 랠프는 구조를 위해 봉화를 올려야 한다고 주장하지만, 성격이 난폭한 잭은 사냥이 먼저라며 맞선다. 봉화 문제로 랠프와 다툰 잭은 아이들을 데리고 무리를 이탈해 사냥 부대를 꾸린다. 멧돼지 사냥에 성공한 잭 무리는 집단 광기에 빠져 소년 한 명을 살해한다. 섬 안에 괴물이 산다는 이야기가 퍼지면서 겁먹은 아이들은 하나둘씩 랠프 곁을 떠나 잭 무리에 합류한다. 이제 이성과 문명은 사라지고 광기와 야만이 득세한다. 사냥 부대는 지식인을 상징하는 소년 '새끼돼지'의 안경을 빼앗고 바위를 굴려 살해한다. 그리고 랠프를 죽이기 위해 달려든다.

《파리 대왕》에 나타난 군중은 문명화된 사회가 붕괴되면서 인간 본성에 내재된 야만성에 휩싸인다. 골딩은 우리의 양식과 이성이 원초적 폭력성 앞에 무력하지 않느냐는 물음을 던진다. 반세기가 지난 지금도 일면 유효한 질문이다.

"우리에겐 고기가 필요했어. 잭은 피 묻은 칼을 손에 들고 일어나며 말했다. 두 소년은 얼굴을 마주 보았다. 한편에는 사냥과 술책과 신나는 희열과 전략의 세계가 있었고 또 한편에는 동경과 좌절된 상식의 세계가 있었다."

동물 농장 Animal Farm
조지 오웰 지음, 1945년 발표

교활한 독재자와 무기력한 군중을 비판하다

1945년 영국 작가 조지 오웰은 《동물 농장》을 발표했다. 당시 소련의 정치 상황을 동물 사회에 빗대어 스탈린의 독재와 사회주의를 신랄히 비판했다. 뛰어난 정치 우화라는 평가를 받으며 출간 2주 만에 초판이 매진됐다. 2005년에는 타임지가 선정한 20세기 100대 영문 소설에 선정되었다.

장원 농장의 동물들은 인간의 수탈에 불만을 품고 혁명을 일으켜 그들만의 유토피아를 건설한다. 초기에는 지식과 리더십을 겸비한 돼지 스노볼과 나폴레옹의 지도 아래 모든 동물들이 평등한 이상 사회를 건설하는 데 성공한 듯 보였다. 하지만 권력 투쟁 끝에 이상주의자 스노볼이 쫓겨나고 나폴레옹이 권력을 장악하면서 상황은 급변한다. 나폴레옹은 아홉 마리의 개를 앞세워 공포 분위기를 조성하고 항의하는 동물들을 숙청하는 한편, 언변이 뛰어난 돼지 스퀼러를 통해 대중 선동을 병행하며 농장을 장악해 나간다. 늘어난 작업량과 줄어든 식량 배급으로 동물들은 점점 곤궁해진다. 성실하게 일만 해 온 수말 복서는 효용이 다하자 인간의 도살장으로 팔려 나갔고, 돼지들은 마침내 두 다리로 일어서서 채찍을 들고 동물들을 감시한다. "모든 동물들은 평등하다"는 구호는 "모든 동물들은 평등하다. 그러나 어떤 동물들은 더 평등하다"로 바뀐다.

《동물 농장》에서 군중은 무언가 잘못되어 가고 있다는 것을 깨닫지만 한탄과 망각을 반복하는 무기력한 존재로 묘사된다. 작품 말미에 동물들은 더욱 심한 핍박이 시작되리라는 것을 예감하지만 상황을 개선할 의지는 없어 보인다.

"밖에서 엿보고 있던 동물들은 어안이 벙벙해져 인간과 돼지의 얼굴을 몇 번이고 번갈아 쳐다보았다. 그러나 어느 쪽이 인간이고 어느 쪽이 돼지인지 분간할 수 없었다." **b**

069

070

controversy

이문열은 '함락된 진지'를 지키는 사람이다.
문화 권력의 정치적 불균형을 바로잡는 일은 일종의 소명이었다.

이탈리아 공산당을 창건한 안토니오 그람시(1891~1937)는 무솔리니 파시스트 치하에서 《옥중수고》를 펴냈다. 그는 헤게모니 개념을 한 단계 발전시켜 기동전-진지전 이론을 창시했다. 기동전에 대응하는 개념인 진지전은 참호에 숨어서 싸우듯 장기전을 펼치는 투쟁 전략이다. 그람시는 선진 자본주의 사회에서는 물리력을 동원해 지배력을 행사하는 기동전이 불가능하며, 지적·문화적·이념적 헤게모니를 장악해 국민의 자발적 동의를 얻는 진지전이 적합하다고 봤다.

이문열은 그람시의 진지전 개념을 한국 사회에 대입했다. 70~80년대 권위주의 정권을 거치는 동안 좌파 진영이 견고한 문화 진지를 구축해 왔다는 것이다. 이문열은 "말 없는 다수는 사라지고 겁먹은 허수만 남은 줄 알았다. 그러나 들여다보니 허수가 아니라 함락된 진지였다"고 말한다. 그는 보수적 입장을 대변하는 '말하는 소수'를 자처했다. 민감한 발언을 하면 "잘했다. 그런데 당신 이제 큰일 났다"는 말을 들으며 함락된 진지를 지켜 왔다.

그는 역사 발전이 성취와 반성을 거듭하면서 이루어진다고 믿는다. "악당과 어리석은 사람들이 주도해 온 세상이 아니라, 많은 사람이 선의로 노력해 이룬 세상이다. 과거를 부정해야 옳은 세상이 온다면서 미래에만 가치를 부여하는 것은 사람들을 현혹하는 것이다."

외딴 참호에 홀로 남아 진지전을 벌이는 동안 그는 좌·우 이념 갈등의 상징이자 보수의 아이콘이 되었다. 소설가인 그가 무슨 말을 하면 문화면이 아닌 정치면에 실렸다. 신간을 내도 문학적 평가보다 정치적 해석이 앞서는 현실에 그는 울었다. "피해 의식의 발로일 수도 있지만, 나는 요즘 젊은 사람들에게 '괴물'이 돼 있다는 느낌이 든다." 이문열의 씁쓸한 술회다. 이번 장에서는 그의 말과 글로 촉발된 논쟁의 양상과 이면을 들여다본다.

"《즐거운 사라》를 읽고 먼저 느껴야 했던 것은 구역질이었고
내뱉고 싶던 것은 욕지기였다."

1992년 10월 29일 아침, 마광수 교수가 자택에서 연행되었다. 음란물 제조 및 배포 혐의
였다. 문제의 음란물은 그의 소설 《즐거운 사라》. 교수와 여대생의 부적절한 관계를 포함
해 도착적, 퇴폐적 성 묘사가 논란이 됐다. 동료 문인들은 창작의 자유를 탄압했다며 석방
서명 운동을 벌였다. 이문열도 동참했다. 그러나 언론에서 그를 서명 운동의 주동자로 보
도하자 신문사에 기고문을 보냈다. 마광수의 소설은 "함량 미달에 정성까지 부족한 불량
상품" 같으나 "문학에만 신속하고도 삼엄한 법의 칼을 빼든 까닭이 석연치 않아" 서명했다
는 취지였다. 이문열은 마광수에 대해 "대학교수라는 신분을 애써 유지하면서 과대 포장된
불량 상품을 보증하는 상표로 쓰고 있는 점이 실로 걱정스럽다"고 평했다.
이는 앞선 1990년 마광수의 '문학 교양주의' 비판에 대한 일종의 반론이기도 했다. 그는
이문열의 상업적 성공을 전두환 정권 시절 대폭 늘어난 대학 정원 덕으로 돌렸다. 대학생
들이 미처 채우지 못한 교양적 지식을 게걸스럽게 탐식하며 이론서 대신 소설을 택했고,
그 수혜자가 이문열이라는 것이다. 그는 또 "소설은 무엇보다 재미있고 쉬워야 한다. 그런
데 문학 신성주의에 빠져 너무 어려운 글들만 판친다"고 비판했다. 마광수는 현대 소설이
이데올로기나 도덕의 슬하를 벗어나지 못한 것은 문학적 퇴보라 지적했다.
전북대 교수 강준만은 이 논쟁을 문학관의 불화로 해석했다. 이문열이 보수 이데올로기를
옹호하는 쪽이라면 마광수는 기성 체제에 저항하는 쪽이라는 것이다. 이문열은 소설의 여
러 기능 중 빼놓을 수 없는 것으로 교양주의적 요소를 꼽는다. 이는 계몽과는 다른 것이며,
책을 통해 독자가 원하는 지적 충족감을 채워 줄 필요가 있다는 입장이다. 한편 마광수는
문학을 기성도덕과 가치 체계에 대한 창조적 불복종이나 창조적 반항으로 정의한다.

"이혼은 '절반의 성공'쯤으로 정의되고 간음은 '황홀한 반란'으로 미화된다.
그리고 자못 비장하게 '무소의 뿔처럼 혼자서 가라'고 외친다."

보수 논객 vs 페미니스트. 충돌은 불가피해 보였다. 조선 선조 때 실존 인물 장씨 부인의 일대기를 그린 《선택》은 1996년 계간 《세계의 문학》 가을호에 연재됨과 동시에 거대한 파문을 일으켰다. 이문열은 논란이 된 서문序文에서 이경자, 공지영의 소설을 거명하며 페미니즘을 '과장된 부르짖음'이라 일갈했다.

이문열은 안동 장씨 추모 휘호 대회가 있던 1993년 소설을 집필했다. 한 라디오 방송에서 중소기업 사장 남편과 명문대 출신 세 아들을 둔 중년 여성이 "인생이 허무하다"며 눈물을 쏟은 사연을 듣고 나서다. 충분히 훌륭한 인생을 살았는데도 자존감이 바닥난 여성들을 위해 이문열은 사고의 전환을 역설하고자 했다. 소설 속 장씨 부인은 남다른 학식에도 현모양처의 길을 자발적으로 '선택'한다. 그는 주체적 삶이기에 가능했던 성취를 자랑스레 회고하며, 현모양처를 '무능'과 '불행'의 동의어로 규정짓는 현대 여성의 허물을 꼬집었다.

문학 평론가 고미숙은 "여성 문제의 본질에 대한 어떠한 고려도 담겨 있지 않다"며 이 작품을 "세기말을 배회하는 가부장제의 망령"이라 평했다. 페미니스트 저널 《if》는 "자유를 전제로 하지 않은 현모양처의 삶을 '선택'이라 강변한 것은 망발"이라 논박했고, 1998년 《출판저널》에서는 '최악의 페미니즘 도서'로 선정됐다. 거론된 작가들은 문학적 응전을 택했다. 공지영은 산문집 《상처 없는 영혼》을 통해 역사의 진보를 믿는다는 여성관을 피력했고, 이경자는 현모양처 이데올로기를 정면 거부하는 장편 《사랑과 상처》를 출간했다.

이문열은 "이 소설이 반反페미니즘 소설로 낙인찍힌 것은 시비 붙이기 좋아하는 대중 매체와 요란스런 일에 편승하기 좋아하는 얼치기 논객이 낳은 합작품"이라 평했다. 우리 삶에 본보기가 될 만한 여인상을 역사 속에서 발굴해 내려는 의도였다는 것이다.

"총선연대는 한국판 홍위병에 지나지 않고,
그들이 외친 선거혁명은 질 낮은 문화혁명이 될 수 있다."

2000년 2월 이문열은 중앙일보에 〈홍위병을 돌아보며〉라는 시론을 기고했다. 당시 진보 시민 단체를 중심으로 조직된 총선연대를 마오쩌둥毛澤東의 친위대 격인 홍위병에 비유하며 집권 여당에 이용당할 수 있음을 경고했다.

이틀 뒤 문화 평론가 진중권은 〈이문열과 '젖소부인'의 관계?〉라는 시론을 중앙일보에 투고했다. 그는 이문열의 문장을 그대로 인용해 논박했다. "젖소부인과 이문열 사이에 내연의 관계가 있다는 '뚜렷한 증거'는 아직 나오지 않았다. 즉 두 사람의 관계는 한마디로 '앞으로 있을지도 모르는 관계'다." 이문열이 근거 없는 음모론으로 총선연대를 폄훼했으니 받은 대로 돌려주겠다는 의도였다. 이문열은 대응하지 않았다. 대신 소설가 박경범이 진중권의 언어폭력을 비판했고, 진중권은 직접 반론하지 않은 이문열에게 책임을 물었다.

이듬해 7월 이문열은 언론사 세무 조사를 비판하는 칼럼을 조선일보에 게재했다. 논란이 일자 동아일보에 〈홍위병을 떠올리는 이유〉라는 시론을 기고해 일부 시민 단체를 비판했다. 그해 11월 3일 이문열의 정치적 발언에 분노한 '이문열 돕기 운동본부' 회원 40여 명은 경기도 이천 부악문원 앞에 모여 '책 장례식'을 거행했다. 그들은 전국 150명의 회원으로부터 거둔 이문열의 저서 733권을 관 형태로 묶어 운구했다. 추도사도 낭독했다. "우리는 세계 문화사에 유례없는 일을 하고 있다. 이문열 그가 유례없는 인물이기 때문이다."

이문열은 이후 방송을 통해 "내 소설에 대한 장례식은 소설가인 나에 대한 장례식이나 다름없다"는 심경을 전했다. 아울러 그들의 홍위병식 소행을 보니 당시 예측이 정확했다며 발언을 후회하지 않는다고 말했다. 한편 소설가 박완서는 《문예중앙》을 통해 책 장례식은 문학에 대한 모독이라며 문학 단체의 침묵을 비판했다.

"불장난을 오래 하다 보면 결국 불에 덴다.
촛불 장난도 오래 하는 것 같은데."

2008년 6월 이문열은 미국산 쇠고기 수입 반대 촛불 집회를 '불장난'에 비유하면서 논란의 중심에 섰다. 그는 평화방송과의 인터뷰에서 미국산 쇠고기 수입 반대를 외치며 시작한 촛불 집회가 '공영방송 사수'를 주장하는 등 점차 변질되었다고 주장했다. 그는 작심한 듯 말했다. "합법적이고 압도적인 표차로 당선된 정부의 시행하지도 않은 정책들을 전부 꺼내 들면서 촛불 시위로 연결하고 있다. 이것은 집단 난동이다."

그는 한 발 더 나아갔다. 변질된 촛불 집회는 '헌법 파괴 행위'이자 '내란'이라며 그에 맞설 의병이 일어나야 한다고 주장했다. 이에 문화 평론가 진중권은 "직접 나와서 의병장 노릇을 해 달라"고 응수했다.

이러한 발언이 있기 일주일 전에도 이문열은 《초한지》 완간 기념 기자 간담회에서 "촛불 집회는 본질은 위대하면서 한편으로는 끔찍한 디지털 포퓰리즘의 승리"라고 지적했다. 그는 침묵하는 다수가 있지만 침묵은 동조로 봐야 한다며 촛불이 '민심'과 '민의'임을 부정하지는 않았다. 그러나 인터넷 공간의 무책임한 글쓰기와 터무니없는 괴담에 대해서는 "대자보적인 흉기", "고상함이 사라지고 악다구니만 넘친다"며 날선 비판을 가했다. 누리꾼들은 촛불 집회에 참여한 시민을 정치적 이익 집단이나 소수의 선동에 이끌린 대상으로 보는 그의 시각을 불쾌히 여겼다.

2001년 이문열은 '책 장례식' 등의 고초를 겪으며 홈페이지를 폐쇄했다. 그에게 인터넷은 '집단 지성이 아닌 집단 최면'이다. 사유에 대한 배려가 없는 SNS는 '자해 행위'와 다르지 않다. 그는 인터넷 광장의 순기능은 인정하면서도 광장의 타락을 경계한다. 다수로 위장된 소수의 광기와 폭력이 현실을 왜곡하고 여론을 조작한다는 것이다. **b**

graphic
novel

되도록 군용열차는 피하려고 했다.

지난 삼 년은 생각만 해도 끔찍했으니.

가끔씩 자기들의 군대 생활을 그렇게 회상하는 치들을 본 적이 있다.

나만은 제대 해 나가더라도 결코 그런 쓸개 빠진 짓은 하지 않으리라.

필론의 돼지

보자 보자 하니 정말 더러워서 못봐주겠네.
새끼 봐라?
이 주먹이나 봐라 새끼야!
나 백골섬에서 돌아가는 길이야.
저기ㅡ 냄새나는 새끼들 말고 우리랑 같이 한잔하지.
뭐라는 거냐?
나는 영웅의 표정을 살폈다.
어때? 같이 가지.
뭐하러 여기있어?
그가 계산하지않을걸 바라면서.
흠
좋은 술 있는거지?

검은 각반들은 처음 그 변화에 얼떨떨한 눈치였다. 절대 이럴 리가 없다는 표정으로 서로를 바라보고 있는 사이, 여러 개의 손이 한 어깨를 끌어올렸다. 그는 가벼운 공기돌처럼 수십개의 손바닥에 받쳐져서 의자 몇 줄을 건넌 후 통로에 내동댕이쳐졌다. 제대화발이 그 위에 소나기처럼 쏟아졌다.

그러나 나머지 각반들의 대처는 재빨랐다. 소주병과 창문을 박살낸 그들은 유리조각으로 무장한채 원진을 치고, 성난 제대병들이 우글거리는 열차 안을 헤쳐 나가기 시작했다.

그러고보니 이 소동에 휘말리지 않고 제자리에 앉아있는 건 나와 홍 뿐이었다.

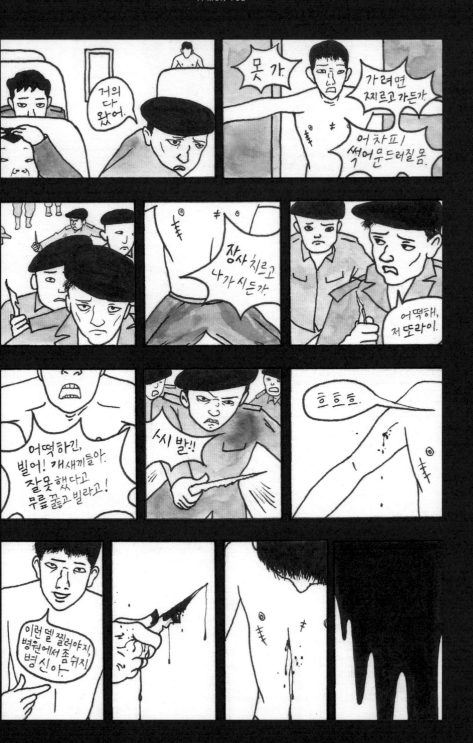

만약 이들을 진실로 죽여야 할 대의가 있다면, 나에게도 동료제대병들과 함께 살인죄를 나눌 양심과 용기는 있었다. 그러나 이미 이곳을 지배하는 것은 눈먼 증오와 격앙된 감정 뿐 대의는 없었다.

그렇다면 내가 할일은······ 벗어난다. 벗어난다. 이곳에서 벗어난다.

옆 칸 빈자리에 앉았을 때에야, 헌병대 무리의 호루라기소리가 들렸다.

거서 잘 나왔구마. 내 나올 때 이 형도 챙길라카다 도 성 내까 봐.

나는 당최 시끄러운게 싫어서

자, 쏘주나 한잔하소.

막연한 우울이 목젖까지 차올랐다.

화끈거리는 소주를 병째 부어넣으면서 그래도 내가 이런 일화를 생각해낼수 있었던 것은
순전히 논 팔고 밭 팔아 나를 대학에까지 보내준 고향의 늙은 부모 덕택이었다.

089

······ 필론이 한번은 배를 타고 여행을 했다.
배가 바다 한가운데서 큰 폭풍우를 만나자 사람들은 우왕좌왕
배 안은 곧 아수라장이 됐다. 울부짖는 사람, 기도하는 사람, 뗏목을 엮는 사람······
필론은 현자인 자기가 거기서 해야 할 일을 생각해 보았다.
도무지 마땅한 것이 떠오르지 않았다.

그런데 그배 선창에는 돼지 한마리가
사람들의 소동에는 아랑곳없이 편안하게 잠자고 있었다.
결국 필론이 할수 있었던 것은 그 돼지의 흉내를 내는 것뿐이었다.

letter

보름을 내리 쉬었습니다. 울리지 않는 전화기를 붙들고 노루잠을 잤습니다. 어둑한 방을 비추는 텔레비전에선 이해할 수 없는 농담이 흘러나왔습니다. 오늘은 느지막이 일어나 부모님 댁에 다녀왔습니다. 어머님께서 싸 주신 김장 김치와 밑반찬, 통조림, 영양제 들을 아파트 주차장 바닥에 부리는데 이렇게 살아도 되는 걸까, 하는 생각이 들었습니다. 서가를 정리하고 방바닥을 닦았지만 구겨진 원고는 차마 버리지 못했습니다. 이문열 작가님, 이토록 고통스러운데 우리는 대체 왜 쓰는 걸까요. 왜 써야만 하는 걸까요.

함께 걸어가야 할 당신에게

어디에선가 수년째 문학 수업에만 전념하고 있다는 당신은 물음으로 가득 찬 편지를 보내 오셨습니다. 물론 그 물음의 대부분이 수많은 문학 이론서에 답해져 있고, 그렇지 못한 부분에 대해서 나는 아직 결론적인 말을 할 수 있는 위치에 있지 못합니다. 하지만 한 봉우리에 '도달한 자'로서가 아니라 당신과 함께 '길 위에 선 자'로서, 권위의 목소리로서가 아니라 동도同道 간의 사적私的인 토로로서, 감히 당신의 물음에 답하고자 합니다. 이 글을 통해 당신에게 전해지는 것이 기껏 나의 자기 부정과도 흡사한 아픔뿐이며, 어떤 해결이 아니라 새로운 물음일 뿐이더라도 나를 비난하지는 마십시오. 어쩌면 그 부정과 물음만이 우리에게 가까운 진실일는지도 모르겠습니다.

내가 답하고자 하는 것은 이미 여러 곳에서 받아 왔지만 내가 의식적으로 대답을 미뤄 온 물음 — '왜 쓰는가?'입니다. 언젠가 나는 어떤 대담에서 거기에 답한 적이 있습니다. 나는 작가가 된 것이 아니라 '되어져' 버렸다고, 오히려 내가 작가가 되기 직전까지 도망치려고 애썼던 것은 바로 그 불길한 운명 — 쓰며 살게 되리라는 운명에서였다고. 이십대 중반까지 사법 시험에 매달려 있었다거나 그 뒤로 전전한 여러 가지 직업으로 보면 얼핏 온당한 대답 같았지만 실은 아니었습니다. 몇 번의 탈출에 실패하고 다시 돌아오게 될 때마다 참회하는 기분으로 문학 자체의 연마에만 빠져들었던 것입니다. 나는 맹렬하게 세상의 지식과 힘 있고 아름다운 문장과 깊이 있는 정신의 함양에 탐욕을 부렸습니다.

우리가 어떤 행위로 나아가도록 설득하는 보상의 종류에는 두 가지가 있습니다. 하나는 적극적인 보상으로서의 어떤 가치 획득이고, 다른 하나는 소극적인 보상으로서의 자기 유지입니다. 일반적으로 문학의 옹호자들이 즐겨 취하는 입장은 적극적인 보상의 존재를 입증하는 쪽입니다. 예컨대 아름다움이나 참됨, 옳음, 성스러움 이런 것들을 쓴다는 일을 통해 구현할 수 있다는 주장이 그것입니다. 그런데 나는 그들의 논리를 빌려 남을 설득할 수는 있어도 나를 설득하는 데는 늘 실패해 왔습니다. 직업 작가로 들어앉은 요즈음에 느끼듯 사회·경제적 욕구를 가진 인간으로서 현실적인 보상이라면 차라리 낯을 붉혀 가면서라도 시인할지언정 정신적인 보상이라면 아무래도 소극적 입장을 지지할 수밖에 없습니다.

다시 말하자면 습작 시대는 물론 지금도 나의 쓰는 행위가 주로 의지하는 바는 그것이 무엇을 내게 주기 때문이 아니라 내 존재에 필요한 최소한을 지키기 위해서입니다. 더 즐겁기 위해서 쓰는 것이 아니라 덜 괴롭기 위해서 쓰는 것입니다. 문학은 내 비관주의의 바다에 드물게 남겨진, 그리고 어쩌다 나와 가까워 헤어 가게 된 섬이며, 쓴다는 것은 바로 거기에 절망적으로 매달리는 행위일 뿐입니다. 좀 과장스럽긴 하지만 때로 이런 자문自問에 빠질 때조차 있습니다. 곧 죽게 되리라는 불안과 이제 더는 쓸 수 없게 되리라는 불안 가운데 어느 쪽이 더 두려운 것일까 하고.

하지만 이런 주관적 진술만으로는 아직 당신의 물음에 대한 충분한 대답은 못 될 것입니다. 우리는 모두가 개별적·현재적 존재인 동시에 사회적·역사적 존재이기 때문입니다. 우리 시대를 파악하는 입장은 대개 두 가지의 상반된 방향으로 진행되고 있는 것 같습니다. 그 하나는 분화分化의 과정이며, 다른 하나는 통합의 과정입니다.

사회의 발전과 함께 모든 가치가 자신의 영역을 가지고 분화한다고 보는 전자의 입장에서 본다면 적어도 두 가지는 명백해집니다. 그 하나는 은연중에 뿌리 깊게 자란 우월감의 포기, 바꾸어 말하면 우리가 선택한 가치가 지상至上일 것이라는 신성한 환상이나 의미화의 포기입니다. 문학한다는 것이 거리에 노점을 열고 나앉는 것과 다를 바 없는 수많은 기능 가운데 하나에 불과함을 시인해야 하는 것으로, 분명 커다란 쓰라림이 될 것입니다. 하지만 우리가 선택한 가치보다 하위의 가치가 없다는 것과 마찬가지로 상위의 가치도 인정할 필요가 없다는 것 — 쓰는 행위가 다른 무엇에 바쳐질 필요가 없으며, 그 자체가 목적이라는 것은 긴 문화의 역사에 비춰 보면 분명 귀한 위로와 격려가 아닐 수 없습니다.

하지만 이와 정반대의 입장을 취한 쪽이 있습니다. 필요한 것은 오히려 통합이며, 하나의 상위 가치 — 예컨대 자유, 평등, 정의 따위나 인간의 행복을 위한 조건 — 를 향한 공동의 봉사가 이 시대의 요청이라는 것입니다. 가장 체계적인 모형은 백여 년 전 마르크스 저작들에서 잘 볼 수가 있습니다. 문학은 공동선을 향한 신성한 노력쯤으로 정의됩니다.

지금껏 내가 왜 쓰는가에 대한 물음에 공적인 답변을 하는 데 의지했던 입장은 분화사회分化社會였습니다. 문학이 정치를 부인하지 않고 정치가 문학을 억압하지 않는 사회, 문학이 경제를 단죄하지 않고 경제가 문학을 경멸하지 않는 사회, 문학이 학문을 비웃지 않고 학문이 문학을 무시하지 않는 사회, 그러면서도 조화롭고 풍요롭게 발전하는 사회 — 실현 가능성만 있다면 별로 나무랄 데 없는 사회일 것입니다. 그러나 고백하자면 저편보다 이편이 좋아서가 아니라, 저편보다는 이편이 덜 싫었기 때문에 택한 것입니다. 내가 선택한 가치가 다른 가치에 종속하거나 수단화된다는 것이 참을 수 없었습니다. 쓴다는 것을 평생의 일로 선택한 이에게는 당연할지도 모르는 자존심입니다. 이따금 맹목으로 느껴질 만큼 극단적인 양상을 띠는 획일주의, 독선과 우둔도 싫었습니다.

그러나 사람들은 자라고 생각은 변합니다. 내 나이도 어느새 젊음보다 늙음 쪽으로 넘어가고 있습니다. 이제 더는 이야기를 위한 이야기는 안 될 것 같고, 늙은 예술 지상론자도 어쩐지 염치없는 존재로 상상됩니다. 하지만 이런 변화가 지금까지 내가 취해 왔던 입장의 포기를 뜻하지는 않습니다. 그것들은 오늘날 우리가 던져진 시대와 상황이 문학을 자기 목적 속에 안주시키기에는 별로 유리하지 못한 데서 온 일시적 혼란일 수도 있기 때문입니다. 그런 뜻에서 경애하는 젊은 벗이여, 왜 쓰는가에 대한 대답은 아직 내 스스로에게도 완결되지 못한 셈입니다. 당신의 물음에 명료한 답이 되지 못해 죄송합니다. 건투하십시오. **b**

※ 윗글은 이문열이 서른넷의 나이에 독자로부터 편지를 받고 쓴 답신이다. 30여 년이 흘렀지만 많은 문청文靑들에게는 여전히 유효한 질문이자 이문열의 그 시절 문학관을 엿볼 수 있다는 점에서 재구성했다. 산문집《사색》에서 요약·발췌.

in-depth story

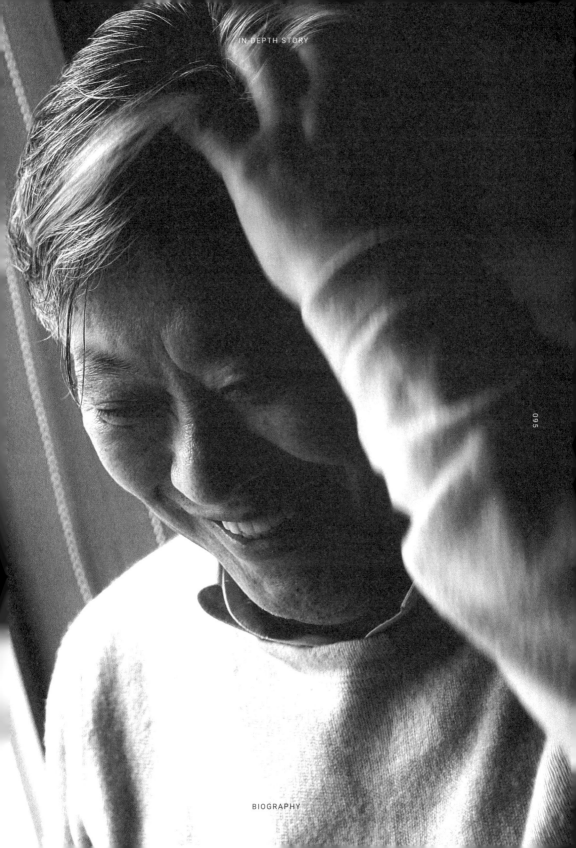

BIOGRAPHY

INTERVIEW

저마다 최선을 다해 산다. 이전 세대도 그랬으리라 믿는다.
이문열이 말하는 보수의 가치는 사라진 것들에 대한 존중이다.

인터뷰 약속을 잡기가 쉽지 않았다. 작가라는 사람들의 별난 성정을 모르지 않지만 차일피일 미루는 통에 조바심이 났다. 이문열 작가의 심경도 대강 짐작은 갔다. 이미 반승낙을 해버린 터라 무를 수도 없고 막상 하자니 전 생애를 돌아보는 인터뷰라 이래저래 신경이 쓰였을 것이다. 나는 사흘돌이로 전화해 밀린 인터뷰를 상기시켰다.

한번은 그가 말했다. "다른 사람도 접촉하고 있는 거죠? 이번 호는 다른 분으로 하시고 나는 가을에 하면 좋겠는데." 나는 펄쩍 뛰며 소위 말하는 대타는 없고 뜻이 정 그러하시면 휴간하는 수밖에 없노라 응수했다. 그제야 그는 체념한 듯 "그럼, 다음 주에 하입시다" 하고 말했다.

부악문원 가는 날은 봄날이었다. 겨울 외투를 벗고 운전대를 잡았다. 왕복 4차선 고속도로는 반나마 비어 있어 먼 산이 성큼 달려들었다. 예정보다 한 시간 일찍 도착해 근처 한식당에서 점심을 해결했다. 이문열 선생이 자주 오느냐고 종업원에게 물었더니 엊그제도 왔다고 했다. 그러면서 "저희한텐 그냥 동네 아저씨죠"라고 덧붙였다. 당대 현실을 겨냥한 이문열의 날카로운 말을 기억하는 나로서는 종업원의 심상한 말이 일종의 정신적 허영으로 여겨졌다.

식당을 나와 비탈을 오르니 부악문원이 눈에 들어왔다. 수평의 보와 수직의 기둥이 맞물린 건물 정면은 일필휘지로 써 내려간 추사의 글씨처럼 단순하고 시원했다. 안으로 들어서자 탁 트인 잔디밭이 펼쳐졌다. 1천4백 평 대지 위에 건물 세 채가 들어서 있었다. 이문열의 자택과 집필실, 문인들의 창작 레지던스였다. 널찍한 마당을 기웃거리는데 이문열이 나타났다. 푸른색 한복 차림이었다.

우리는 이틀간 만났는데 그의 말은 거침이 없었고 실명 비판도 삼가지 않았다. 때론 격류처럼 욕설을 토해 내기도 했다. 그러다 끝에 가서는 "이런 건 오프 더 레코드(비보도)로 합시다"라고 했다. 경상도 방언에 어눌한 말투, 부정확한 발음이 더해져 알아듣기 좋은 편은 아니었지만 그동안 그가 겪어 온 소외와 울분을 이해하기엔 충분했다.

시대를 향해 필봉을 휘두르던 문필가는 어느새 백발이 성성했다. 아, 문청도 늙는구나.

올해로 예순여덟이 되셨습니다. 나이 드는 것을 체감하십니까? "요즘은 많이 느낍니다. 이제 품이 많이 들어가는 작품을 할 수 있는 기회가 얼마 남지 않았다는 기분이 들어서 쫓기는 심정입니다. 세월이 좋아져서 수명이야 늘었지만 정신적 생산이 가능한 나이는 그렇게 많이 늘어난 것 같지 않습니다. 중요한 작품을 하나라도 제대로 할 수 있을까 싶을 정도로 몰리는 느낌입니다."

톨스토이나 괴테는 일흔에도 고전이라 불리는 작품을 썼는데요. "흔히 하는 착각 중 하나입니다. 괴테가 《파우스트》를 칠십에 썼다지만 1부는 40대에 나왔습니다. 50대에도 나오고 60대에도 나오고 해서 70대에 완간되는 것입니다. 어쩌면 괴테 일생의 기획인 거죠. 마무리가 칠십에 되었다는 것뿐이지 앞의 세월이 있기 때문에 괴테는 그걸 대표작으로 해도 손색이 없습니다. 중요한 부분은 전부 다 해 놨으니까요. 그런데 정말 칠십에 시작해서 제대로 된 작품을 만든 예는 많지 않습니다."

지금 쓰고 계신 작품은 있습니까? "《변경》 이후의 이야기인 80년대 세계를 작품화하려고 하는데 여러모로 골치가 아픕니다. 우선 이렇게 긴 세월을 이야기한다는 것은 필연적으로 양을 수반합니다. (60년대를 다룬) 《변경》만 해도 12권이니까 80년대 이야기도 최소 12권은 될 거란 말이에요. 어쩌면 더 많을 수도 있습니다. 그런데 대하라는 양식은 더 이상 의미가 없습니다. 우린 80년대까지 대하의 시대가 한 번 진행되었지만, 서양에선 벌써 60~70년 전에 진지한 소설의 양식으로서는 배제되었습니다."

대하소설은 왜 죽은 양식이 된 걸까요? "12권짜리 책을 써 놓으면 내용이 무엇이든 아무도 안 볼 겁니다. 하하 소리도 다 쓰기 귀찮아서 'ㅎㅎ' 하는 시대인데요. 그래서 제목을 달

리하는 3부작으로 나누고, 합하면 열 몇 권이 되는 형식을 고민하고 있습니다."

80년대를 배경으로 한다면 굵직한 현대사를 비껴갈 순 없겠군요. "그래서 고민이 큽니다. 어떤 사회적 변화가 진행된 다음에 다른 단계가 와야 하는데 우리는 한꺼번에 한 덩어리가 왔습니다. 프랑스나 영국 같은 서구의 중심 사회에서는 산업화가 오고, 시민 사회가 형성되고, 민족 국가가 등장하고, 계급 혁명이 일어나고, 이렇게 순차적으로 진행되는데 우리는 산업화와 민주화가 함께 와서 대판 싸우고 있습니다. 그래서 택일이 되는 거예요. 야, 너는 산업화 선택할 거야, 민주화 선택할 거야? 산업화 선택하면 보수 꼴통이 되고, 민주화 선택하면 좋게 말해 의식 있는 사람이 되고 나쁘게 말해 진보 좌파가 되는 거죠. 동시성으로 벌어지는 택일 관계가 우리를 굉장히 혼동시키고 있습니다.

그 와중에 나도 핵심적인 흐름에 끼어서 몇십 년간 고통스러운 시비에 걸려 있는데, 이런 것들도 이제 조심스러워집니다. 그전에 싸울 때는 반대쪽을 무시하고 내 얘기만 하면 됐는데, 이제 내 눈으로 보고 생각하고 판단했던 것들을 객관화시켜서 세상에 남겨야 하니까 깊이 이해해야 할 필요가 생겼어요. 내 나이도 이만한데 옛날처럼 한편만 들 수는 없지 않겠어요? 우리가 생각하는 가치에 기대어 다른 가치에 피해를 입힌 적은 없었나. 예를 들어 산업화를 위해 인권을 조금 희생하자라든가, 이런 식의 강요를 한 적은 없었던가. 내용 면에서도 전과 달리 객관성이나 책임을 생각해야 하니까 점점 얘기하기가 어려워집니다."

얼마나 기다려야 신작을 볼 수 있을까요? "자료 조사나 머릿속의 짧은 이야기 모음은 다되어 있는데, 어떻게 정리해서 몇 부작으로 나누어야 할지는 결정이 안 됐습니다. 그래도 이제 내일모레(4월 1일)부터는 쓸 생각입니다. 일단 3년 계획으로 내가 보고 느낀 80년대를 포착해 보려고 합니다. 만 70세가 될 때 끝나지 않을까. 그러고도 힘이 남으면 다음 얘기를 한번 힘들여 써 보죠."

긴 문장은 좀처럼 읽지 않는 시대인데 문장 형식에 대한 고민도 하십니까? "내가 우리나라 작가들 중에 문장이 긴 편에 속해서 그것도 고민해야 하는데, 다들 그렇게 안 하니까 한번 고집스럽게 써 볼까 하는 생각도 있습니다. 독자가 좀 고생스럽긴 하겠지만 그건 그거대로 소설 읽는 맛일 수 있거든요. 내가 젊은 시절에 토마스 울프를 좋아했는데, 그 사람 문장이 굉장히 깁니다. 어떨 때는 한 문장이 우리 원고지로 서너 장이 됩니다. 성격을 달리하

660

는 형용사가 한 명사 앞에 열두 개씩 붙습니다. 예를 들어 '추억'이라고 하면 아름답고 애틋하고 허망하고 그립고 그러나 떠올리긴 싫고. 이런 복잡한 감정이 있을 수 있는 거예요. 그런 긴 문장을 읽으면 세상의 복합성이나 인상의 다양함을 느낄 수 있죠."

작업은 보통 언제 하십니까? 작가마다 글이 잘 나오는 시간대가 있다던데요. "그건 아마추어한테 하는 질문입니다. 프로들 중에 이름을 얻은 사람은 항상 시간이 모자랍니다. 아침 가리고 저녁 가리고 할 시간이 없어요."

밤낮없이 쓰시면 하루에 원고지 몇 매나 쓰십니까? "최종적으로 하루에 10매를 건지면 좋은 거죠. 한 달에 3백 매. 세 번 정도 퇴고한다 치면 실제로 쓰는 건 하루에 30~50매가 되겠죠. 그 정도가 젊었을 때 버틸 수 있는 양이었습니다. 80~90년대엔 한 달에 3백 매가 넘었을 겁니다. 5백, 6백 매도 썼는데 그리되면 눈 떠 있는 시간은 다 써야 합니다. 안 그러면 절대 못 채웁니다. 시간을 고를 수가 없죠."

저서가 총 몇 권이나 되시죠? "글쎄요. 자꾸 변해서 기억을 잘 못하는데…… 종으로는 서른 종, 권으로는 70권쯤 되겠죠. 한 종에 세 권짜리도 있고 열두 권짜리도 있으니까. 단편집도 있고 모험집도 있고. 그 다음에 번역한 거는 《삼국지》, 《수호지》 두 개를 해서 스무 권이 있고. 《초한지》는 내가 썼고. 내 이름 들어간 책이 백 권은 될 거예요."

선생님 저서가 3천2백만 부 나갔다는 보도가 있었습니다. "3천만 부 부근일 겁니다. 불행하게도 《삼국지》, 《수호지》 그쪽에서 2천만 부 나갔고요. 창작 작품에선 천만 부가 나갔는데 그게 98년도예요. 그 뒤로는 세상과 싸우느라 별로 못 팔았는데 1년에 10만 부씩 나갔다고 하면 한 백만 정도 더 되지 싶습니다."

3천1백만 부라 해도 책값 만원에 인세 10%로 계산하면 수입이 310억 원입니다. 우리나라 역사상 인세 수입이 가장 많은 작가가 아닐까요? "내가 나올 때 책값이 1500원이었어요. 그래서 5000원으로 잡아야 평균값이 될 것 같은데. 그러면 거기서 절반으로 떨어질 것 아니에요? 그래도 인세 수입이 내가 제일 많을 겁니다. 그 기록을 깰 사람은 아마 앞으로 안 나오겠죠. 내 책이 최고라서가 아니라 책의 시대가 저물어서 이제 책이 안 팔리니까. 하하."

인세는 얼마나 받으십니까? "방금 계산하신 대로 10%를 받습니다."

더 달라고 하셔도 될 텐데요. "80년대 후반에 우리도 서양처럼 작가마다 인세를 다르게 받자는 움직임이 있었습니다. 어떤 작가는 스스로 12%로 올리기도 했어요. 그런데 제대로 되지도 않고 욕만 먹었죠. 처음부터 나는 그걸 안 했습니다. 동료에 대한 예의랄까. 똑같이 10%를 받아도 누구는 10만 부, 1백만 부가 팔리는데, 누구는 3천 부도 안 팔려서 10% 받으나 5% 받으나 별 차이가 안 나는 일이 생기는데, 인세까지 차이가 나서 저건 10%짜리 작가, 저건 15%짜리 작가가 되면 그건 할 짓이 아니다 싶었습니다."

선생님이 주도해서 인세를 전반적으로 끌어올릴 수 있지 않았을까요? "그럴 수도 있었겠죠. 하지만 출판사가 동의해서 나뿐 아니라 다른 사람도 함께 올려 줘야 하는 건데 쉽지 않죠. 대신 원고료나 연재료는 내가 기준을 여러 번 올렸습니다. 신문 연재는 월 1백만 원 선일 때 2백만 원을 내가 처음 만들었어요."

그게 언제 얘깁니까? "83년에 《삼국지》 하면서 그랬죠. 나중에 월 5백만 원이 되게 한 것도 나였고, 90년대 후반에 천만 원도 내가 만들어 봤고. 뚜렷한 기준이 있는 건 아니지만 우리 때 신문 연재료는 신문사 문화부장 월급하고 같았습니다. 그런데 신문사 대우는 나아져도 연재료는 아직 5백, 6백이면 그건 잘못된 거죠. 내가 돈 조금 더 받자고 그랬던 건 아니고, 될 수 있으면 원고료는 다 같이 올리려고 애를 썼어요."

저서 중에 가장 많이 팔린 책은 뭡니까? "《사람의 아들》이 제일 많을 거예요. 230~240만 부 정도 될 겁니다. 처음에 중편으로 냈을 때 베스트셀러를 한 번 하고, 그 다음에 장편으로 개작해서 한 10년 동안 베스트셀러 10위 안에 들었습니다. 그런데 통계가 이상하게 잡혀서 사람들이 자꾸 백만 넘은 거에도 안 넣어 줄라 그래. 하하. 사실 판매 부수를 정확히는 몰라도 〈우리들의 일그러진 영웅〉이 더 많이 나갔을 겁니다."

저자가 판매 부수를 모를 수가 있나요? "그건 내가 인세를 못 받고 찍은 책이에요."

이때 휴대 전화가 울렸다. 널찍한 탁자의 건너편까지 들릴 정도로 통화음이 컸다. "안녕하십니까, 고객님. 행복한 금융 생활을 위한 마이론……" 그는 혀를 차며 전화를 끊었다.

"자꾸 돈 빌려 쓰라 그러네? 내가 돈 없어 보이나? 하하."

그는 하던 얘기를 이어 갔다.

"그때만 해도 문단의 나쁜 관행으로 상금을 쥐꼬리만 하게 주고 인세를 안 줬어요. 내 작품의 저작권을 이상문학상을 주관하는 곳에서 가지고 있었습니다. 첫해에만 120만 부가 나 갔다고 들었는데 다 합해서 얼마나 나갔는지는 잘 모르겠어요. 여러 해 동안 많은 사람들 이 싸워서 지금은 그 관행이 없어졌죠."

〈우리들의 일그러진 영웅〉은 1987년 제11회 이상문학상 수상작이다.

선생님 저서의 판매량이 과거에 비해 뚝 떨어졌는데 이유가 뭘까요? "시장 자체도 줄었고 독자들도 피로도가 있을 거예요. 90년대 초까지만 해도 대부분의 젊은이들이 내 책을 대 여섯 권은 읽었을 거예요. 사실 어떤 작가의 책을 그만큼 읽으면 다 읽은 기분이 듭니다. 톨 스토이 전집을 갖다 놔도 다섯 권 읽으면 나머지는 못 봅니다."

정치색에 따른 호오도 영향을 미쳤을 텐데요. "이데올로기의 변화가 있겠죠. 시장 경제나 자유주의적인 것들에 대한 믿음에 동의하지 않는 사람들이 많이 늘어났다는 거죠. 그리고 어떤 정치적 세력에 의한 문학의 집단 운동화. 책을 불사른다거나 하는 것들이 아무 영향 을 미치지 않는 것 같지만 영향을 미칩니다. 내막을 모르는 사람들은 예사로 그래요. '책 불 태우는 걸 보니까 이문열 저 새끼 되게 나쁜 짓 했나 보네' 이리 되는 거죠. 그래서 내 책을 보지도 않고 나를 경원하거나 심하게 부인하는 사람들이 늘어나는 거예요. 독자와의 차단 이 일어나는 거죠."

하긴 젊은 세대와 친화적인 작가는 아니십니다. "인터넷 세계의 특성에 내가 잘 맞는 사람 은 아니죠. 요즘은 책 판매가 인터넷에 좌우되는 경우가 많은데, 방금 말한 인위적 차단은 적은 수로도 일어날 수 있습니다. 위장된 반복성이 다수성과 혼동되는 것이죠. 한 사람이 열 번 말한 것과 열 사람이 한 번씩 말한 것이 달라야 하는데 그 안에서는 거의 구별이 안 됩니다. 예를 들어 처음 책이 나왔을 때 몇 명이 번갈아 가면서 '보수 꼴통' 이러면서 욕을 쓰면 독자들은 그걸 보고 영향을 받습니다. '이 사람은 무슨 죄가 있나 보다. 그럼 안 봐야 지' 이리 되죠."

왜 유독 선생님께만 그런 일들이 벌어지는 걸까요? "90년대 중반부터 조짐은 있었는데 후 반에 들어서 격화되었죠. 나를 구석으로 몰아넣은 결정적인 건 지역성이었어요. 소수의 사 람이 장난을 쳤는데 성공해 버렸어요. 참 악질적으로 만들어진 얘기인데······ 내가 그 지역 성의 덫에 걸려들었죠."

102

인터넷에 알려진 사건 경과는 이렇다. 2001년 7월 이문열은 동아일보에 기고한 〈홍위병을 떠올리는 이유〉라는 칼럼을 통해 안티 운동을 벌이는 시민 단체를 홍위병에 비유했다. 이에 반발한 시민 단체는 이문열 책 반환 운동을 펼쳤다. 그 운동을 주도한 인사에게 이문열이 "너 전라도 사람이지?"라며 몰아댔다는 얘기다. 이문열은 의분에 찬 목소리로 계속 말했다.

"설령 내가 그 지역에 안 좋은 마음이 있다고 해도 내가 그 지역 사람들을 적으로 만들 간이 없습니다. 우리 시대에 그 지역을 잘못 건드렸다가 죽은 사람도 있고 망한 사람도 많습니다. 그리고 나는 처음부터 책을 많이 팔았기 때문에 상업적인 것에도 관심이 많습니다. 그런데 우리나라 문화 고객은 호남이 굉장히 많습니다. 광주와 대구가 인구는 배가 차이 나는데 내 책이 팔리는 양은 똑같습니다. 지금도 아마 비슷할 겁니다. 그런데 내가 무슨 간으로 그런 짓을 하겠습니까."

그는 말을 멈추고 얼굴을 훔쳤다.

"내가 열여섯부터 스물한 살까지 부산에 살았습니다. 부산에 친구들도 많습니다. 내 스스로는 부산을 잘 안다고 생각합니다. 그런데 그 친구가 하는 짓이 부산 사람 같지가 않아요. 내가 아는 부산 사람은 수틀리면 바로 뭐라고 하지 뒤에서 깐죽깐죽하고 이런 거 안 합니다. 그 친구가 7월에 책 반환 운동을 시작했는데 석 달 동안 7백 권인가 모았어요. 그리고 11월 3일에 우리 집에 와서 책 장례식을 한다고 했습니다. 10월 말에 내가 부산에 강연 갔다가 그랬어요. 그때 내 책이 2천만 부 나갔을 땐데 7백 권이라는 건 정신병자 비율보다 훨씬 적다. 영점 영영 몇 프로예요. 이런 얘기를 했는데 그걸 들었던 모양이야. 하여튼 그래서 통화가 됐어요.

한번 보자고 하니까 내가 묵던 호텔 커피숍으로 왔어요. 내가 전날 술을 좀 먹어서 약간 부주의한 게 있었을지 모르지만 '너 전라도지?' 그러진 않아요. 그 얘기는 그 친구가 했다고. '내가 부산 사람이 아니면 전라도 사람이란 말입니까?' 그때 아마 내가 '뭐, 그럴 수도 있지' 이런 식으로 반응한 것 같아요. 나를 이용한 건 좋아요. 그런데 지금도 마음이 안 풀리는 건 단 한 번도 누가 나한테 '당신 정말 그랬어요?' 하고 물어본 적이 없어요."

하긴 책 장례식 때도 공개적으로 편들어 주신 분은 고故 박완서 선생뿐이었습니다. "나는

그 뒤로 문단의 어떤 단체에도 안 나갔습니다. 미국에 갔다가 돌아오니까 이제 마음 풀라고 하고 뒤늦게 사과를 하는 사람도 있어서 펜클럽PEN Club 모임에는 가 본 적이 있어요. 그거 빼고는 딴 데 안 갔습니다. 나는 내 동료들이 있다고 생각하지 않습니다."

벌써 10년도 더 된 일인데 화가 꽤 오래 가십니다. "감정이 남은 것도 있지만 전반적으로 허망해요. 만나 본들 어떻고 안 만나 본들. 그 사람들은 다 허수 같아요. 있으나 없으나 같은 사람이고. 기를 쓰고 만나러 갈 일도 없고, 오는 걸 기를 쓰고 '나는 너 모른다' 하고 돌아설 것도 없고."

그 얘기가 처음 나왔을 때 바로 정정하시지 그랬습니까? "그게 바로 인터넷 문화의 약점이죠. 인터넷에 뜨고 나면 변명도 안 되고 구제도 안 돼요. 신문 시절에도 그런 일이 있었지만 말을 자르면 잘랐다는 걸 사람들이 금방 알았어요. 그런데 인터넷에선 잘라도 자른 걸 모른다고. 남은 것만 가지고 말들을 하니까 오해가 생기죠."

또 어떤 오해들이 있었습니까? "몇 가지만 얘기하자면 내가 대동아공영권의 실패를 애석히 여기는 친일파라거나 한일합방을 합법적이라 했다는 게 있죠. 90년대 초반에 유럽 연합이 생길 때 우리도 가칭 베세토(베이징, 서울, 도쿄)라는 걸 추진했어요. 동북아공동체를 만들자는 논의가 있었는데, 그 회의 참석 차 일본에 갔다가 아사히신문과 인터뷰를 했어요. 그때 내가 '베세토가 대동아공영권과 비슷한데 너희가 국수주의로 가지 않았다면 지금 논의하는 공동 번영체로서 잘 되지 않았겠냐'라고 했는데, 다 빼 버리고 '대동아공영권 실패는 애석한 일이다'로 보도되었죠.

한일합방 얘기는 이래요. 당시 국제법의 원형은 비엔나 체제예요. 비엔나 체제는 승자 독식, 강자 우선이 원칙이죠. 이긴 놈이 다 먹는 거라고요. 그래서 한일합방은 그때 국제법상으론 합법이었죠. 그런데 앞뒤 다 빼고 '이문열은 한일합방을 합법이라 했다'고 한 거죠."

그 왜 책 반납하면 최고 이자 쳐주겠다고 하신 것도 있잖습니까. "내가 지금 같으면 안 그러죠. 그땐 인터넷의 특성을 몰라서 그랬지만. 누가 내 홈페이지 게시판에 글을 썼어요. 내가 당신 책을 참 좋아했다, 그런데 당신하고 작별해야 되겠다, 책을 버릴 수는 없고 당신에게 반납하고 싶은 심정이다, 뭐 이런 게 있었어요. 그래서 내가 그걸 보고 하여튼 간에 애석하다, 이 정도로 나하고 작별할 사람이라면 내 책 사지 말라고 말렸을 텐데 이미 샀으니 어쩌겠나, 그러니 책을 보내 주시면 우리 현행법에서 인정하는 최고 이자, 말하자면 은행 이자를 계산해 보태서 보내 드리겠다, 이런 겁니다."

그 말도 앞뒤가 잘렸습니까? "다 빼 버리고 이문열이 독자 일반을 향해 최고 이자를 줄 테니 책 보내라고 했다고. 지금도 사람들은 내가 그런 줄 알아요. 그때 이미 2천만 권 가까이 팔았을 때예요. 그거 물어 주려면 한 150억 원 정도는 드는데, 내 재산이 50억 원도 안 됐어요. 20년 동안 팔아 놓은 책을 내가 어이 다 물어 줍니까. 인터넷 시대, SNS 시대의 폐해예요."

그쯤 되면 《시대와의 불화》라는 산문집을 내실 만도 합니다. 시대와의 불화를 겪은 가장 큰 이유는 뭐였을까요? "85년 정도까지 나는 이데올로기로 말하자면 무이데올로기였어요. 그러다 일종의 반응으로, 왜 우리가 뺨 때리기 하면 처음에 맞고 나서 화나서 때리는 거 있잖아요, 그런 식의 반응이었어요. 하나의 신념이 되어서 싸운 것은 90년대 후반부터죠."

이문열을 알기 위해서는 이데올로기적 배경부터 알아야 한다. 그는 육중한 표정으로 긴 얘기를 시작했다.

"정치적인 부분에 있어서 나는 옛날부터 지나가는 사람이었어요. 거기에 끼면 안 되는 사람. 어렸을 적에 이승만이 만든 자유당하고 민주당이 싸웠습니다. 아버지가 월북을 하고 나니까 어머니가 맨날 하시는 말씀이 '점마들 누가 이기든 너 일 아니다' 이거지. 그 다음에 4·19가 났어요. 이승만이 날아가고 한민당이 이긴 거죠. 한민당은 경찰하고 자생적 우파들이 중심입니다. 어머니는 나중에 돌아온 이승만 패牌보다 한민당을 더 무서워했습니다. 공산주의자들을 제일 많이 죽인 게 한민당이라고 생각했어요. 심지어는 빨갱이 1백만 명을 죽였다고 합니다. 그래서 4·19가 나고 학생들 뛰어다닐 때 형님들이 휩쓸리면 그래요. 미친 짓 한다고. 진짜 악질들은 이놈들이다 이거야.

그 이듬해 5·16이 나면서 군인이 왔어요. 이번엔 어머님이 그러는 거예요. 쿠데타라고 난리들 치지만 얘들이 제일 낫다고. 왜냐면 6·25 때 죽을 위기가 있었는데 군인 덕분에 살아난 경우가 몇 번 있었어요. 한번은 부역자 가족을 창고에 가둬 놨는데 일사후퇴가 일어난 거라. 중공군이 내려온 거죠. 거기 있었으면 다 죽었을 건데 국군들이 와서 후퇴하는 경찰들한테 너희 또 다 죽이려고 했지, 하면서 풀어 주라고 해서 살아난 거예요. 이래서 우린

4·19가 반갑지 않았던 것처럼 5·16에도 반감이 없는 거죠. 저희끼리 치고 박는구나. 그냥 그렇게 세상을 봐 왔기 때문에."

학생 운동에 가담할 이유가 없었겠군요. "대학교 때 그런 일이 있었어요. 아버지의 사상을 알기 위해 일본판 사회주의 사상 전집을 구해서 가지고 있었어요. 언젠가 일본어를 알게 되면 보려고 감춰 놨는데, 친구들 중에 싱거운 놈들이 일본으로 밀항하다 붙들린 거야. 그때는 일본 밀항이 유행할 때예요. 그중에 대학생이 있으니까 두드려 팬 거지. 이것저것 불다가 내 친구한테 사회주의 사상 전집이 있다, 이리 된 거예요. 그래서 끌려갔는데 기가 막히더라고. 내가 월북을 해서 6개월 동안 밀봉교육을 받고 그 책을 가지고 내려와서, 얘들을 포섭해서 일본을 통해 월북시키려 했다는 시나리오가 되어 있는데, 이게 알리바이가 증명이 안 됩디다. 그때 휴학하고 놀고 있어서 증명할 데가 없어요. 대폿집도 가고 친구 집도 갔는데 증명이 안 돼. 그때 참말로 용케 무사히 나온 일이 있어요. 그 뒤로는 데모한다고 하면 아예 학교를 안 갑니다. 내가 피해 입는 건 좋은데 옆에 있는 놈까지 저거 하니까······ 80년대까지도 그 싸움은 자기들의 리그지, 나는 관계없는 사람이었어요. 그래서 탐미주의로의 도피라든가 중간적인 무이데올로기 같은 것들이 나오게 됩니다."

한동안 중립을 지키다 1984년 《영웅시대》를 발표하면서 보수주의로 돌아섰다는 평가도 있습니다. "처음엔 그 책이 불온하고 좌파적이라고 납본필증도 안 나왔어요. 당시엔 문화공보부에서 납본필증을 받아야 시장에 배포할 수 있었는데, 그게 두 달이나 안 나와서 이리저리 쑤시고 다녀서 겨우 받았거든요. 그런데 1년도 안 돼서 대학교에서 내 책이 금서가 됐어요. 잘못하면 허무주의에 빠지거나 체제 비판 능력이 사라지게 되니까 3, 4학년이 되면 읽으라는 거죠. 결국 그 1년 동안 양쪽에 다 금서가 된 거지. 시대와의 불화라는 게 그런 뜻입니다. 두 쪽 모두 나한테 불화한 느낌을 주는 거죠."

이문열의 표현에 따르면 《영웅시대》는 "본질적으로 아버지에 대한 부인否認이라는 의미"를 띤다. 서른여섯의 젊은 가장은 만삭의 아내와 어린 4남매를 버리고 이념을 택했다. 그의 작가 될 운명은 그때 배태되었다.

아버님 얼굴을 기억하십니까? "전혀 못합니다. 내가 48년 6월생이고 아버지가 50년 9월에 사라졌거든요. 생후 2년 3개월 만에 헤어졌는데 어떻게 알겠어요."

부친 살아생전에 편지 왕래도 있으셨다고 들었습니다. "내 존재가 80년대 초쯤에 북한 당국에 알려진 것 같아요. 그래서 아버님 편지가 왔는데 한 번은 북한 당국의 어떤 목적에 따라 온 것 같았어요."

선전이나 선동 목적이었을까요? "네. 85년에 일본에 있는 친척을 통해 편지를 받았는데, 편지의 문면도 선동적이고 동봉한 사진도 조작된 느낌을 받았어요. 참 잘 쓴 문장인데 어딘가 아버지답지 않은. 아직도 조국은 나의 실존이다, 가문의 역사를 돌아보아라, 우리는 한 번도 굴종한 적이 없다, 내가 바친 것보다 받은 것이 많은 감격 속에 산다, 이런 김일성에 대한 충성이라든가. 사진을 같이 보냈는데, 그때 아버지 연세가 이미 80에 가까울 때예요. 그런데 연구실에서 흰 가운을 입고 두꺼운 책을 보고 있는데, 그 책이 뭔가 싶어 확대해 보니까 백과사전이나 생물학 사전 같은 책이라. 80 다 되어 가는 노학자가 볼 책이 아니더라는 거죠. 두 번째 편지에선 북에 5남매가 있다는 얘길 하시면서 생년월일, 성별, 이름까지 한문으로 써서, 내가 죽기 전에 너희 다섯을 이어 주고 싶다, 얘들을 잊지 말아라, 뭐 그런 걸로 왔더라고요."

월북한 부친 때문에 고생이 많으셨는데, 당시 연좌제가 얼마나 가혹했습니까? "아버지가 서른여섯에 갔으니까 한 20년은 언제든지 간첩으로 올 수 있는 나이라고요. 첫째로 문제 삼는 거는 간첩으로 내려오는 것, 둘째는 내려오진 않더라도 내려온 간첩을 통해 우리와 접선해서 뭔가를 하는 것. 이런 것들을 겁냈나 봐요. 그래서 요시찰이라 해서 한 달에 한 번씩 동향 보고를 하게 했죠. 그게 뭐냐면 내가 그놈을 찾아가니까 요즘 뭐하고 있더라, 앞으로 뭘 하려고 하더라, 이런 보고서를 올리는 거예요. 그런데 이 보고서를 쓰려면 형사가 내 주위에 물어야 한다고. 고용주한테도 묻고 친구한테도 묻고. 이상한 짓 하거나 어디 간다 하거나 누가 찾아오진 않았나. 이런 것들이 굉장히 나쁘게 작용하죠. 심하면 가정 교사 할 때 어떤 집은 나가라고 그래요."

직장 다닐 때는 어땠습니까? "내가 제대하고 학원 선생을 2년 했는데 학원 원장이랑 선생들 눈치 보면 알아요. 어디 갔다 오면 말이지 저거끼리 쉬쉬하고 그러는 거. 형사가 와서 이놈한테 묻고 저놈한테 묻고 그런 거지. 그러면 자세한 내막을 모르는 사람은 저 사람 저거 무슨 짓 저질렀나, 한다고. 그럼 저를 경계하게 되고 아주 불편해지죠. 나중엔 내 나름대로 대응책이 생겨요. 내가 미리 얘기를 해 놓으면 피해가 적죠."

경찰이 찾아와도 놀라지 마라? "그렇죠. 아버지가 그래서 형사가 오는 건데 별거 아니다, 그냥 아시는 대로 대답해 주시라. 그러면 좀 덜하죠. 그러다 더 심하면 형사한테 아예 그러는 거죠. 제발 좀 찾아오지 마라, 우리끼리 만나자. 이래 되는 겁니다."

부친 콤플렉스가 아직 남아 있습니까? "40대 초중반까지는 아버지에게 원망과 그리움, 이런 상반된 감정이 있었는데, 감정의 그늘에서 벗어난 것은 40대 후반이었던 것 같아요. 좌파 혹은 빨갱이라고 하면 콤플렉스나 죄의식 같은 것이 있을 때도 있지만, 한편으론 옛날에 똑똑한 사람들은 다 그거 했다고 하잖아요. 하하. 그런 아버지한테 묻혀 가고 싶은 마음도 있었고, 그런 양가적 감정을 가졌었는데 어느 순간엔가 내 삶이 더 이상 아버지한테 영향을 받거나 얽매여선 안 된다는 생각을 했습니다."

그는 남 얘기 하듯 덤덤히 말했다. 창밖 풍경이 온통 먹색이었다. 그쯤에서 우리는 헤어졌다. 부악문원을 나서며 이문열의 부인에게 근처에 숙박업소가 있는지 물었다. 이천시청 방면으로 나가면 된다고 했다. 우리 일행은 이천 시내로 차를 몰았다. 번화가에 닿았을 때 전화가 걸려 왔다. 이문열이었다. 그는 왜 자고 가느냐고 불퉁거렸다. 손들이 외부에 투숙한다는 사실이 그를 괴롭힌 모양이었다.

이튿날 아침 그는 다시 전화했다. 인터뷰는 오후 2시로 예정되어 있었으나 서둘러 오라고 했다. 다시 마주했을 때 그는 변명 아닌 변명부터 늘어놓았다.

"빈 방이 늘 한두 개는 있는데 어제는 하필 방이 꽉 차서……."

그는 직접 원두를 갈아 커피를 내려 주었다. 투박한 손놀림 탓인지 커피는 진했다. 그는 설탕을 두 스푼 넣었다.

"우린 태어나서 먹은 커피가 설탕하고 섞은 커피라 설탕을 넣어야 돼. 옛날에 그 시레이션(미군 전투 식량) 시절부터."

2005년 미국에 건너가 3년을 체류한 그는 그때 커피에 맛을 들였다고 한다.

미국엔 어떤 일로 가셨던 겁니까? "한국과 거리두기가 1번이었어요. 2번은 미국 쪽으로 눈도 뜨고 입과 귀도 틔우는 시간으로 쓰려고 했는데 실패했어요. 내가 아무것도 안 하고 그 목적으로 3년을 버텨도 입과 귀를 틔우는 게 어려웠을 텐데, 거기서도 여기서와 다름없

이 글을 많이 썼습니다. 《호모 엑세쿠탄스》 세 권 중에 두 권을 거기서 썼고요, 《초한지》도
세 권 분량은 거기서 썼을 거예요. 하루 종일 한국어 가지고 씨름하다가 한두 시간 학원에
가서 공부해 봐야 전혀 안 늘어요."

영어 학원도 다니셨습니까? "케임브리지 시티 안에 있는 모든 어학원에 한국 학생이 50%
나 돼요. 그러니 내가 이 얼굴로 갈 수가 있나. 창피해서. 하하. 그래서 기차를 45분 타고
사우스 보스턴으로 내려갔어요. 거기도 학원가가 좀 있는데 한국인이 15%로 확 줄어 있
더라고요. 첫날 딱 불러다 밥 한 그릇 사면서 너희들 어디 가서 나 봤다고 하지 마. 하하. 이
러고 6개월을 들었는데 조금은 도움이 된 것 같아요. 그래도 하루 4시간 빼고는 한국말로
생각하고 한국말로 말하고 한국말을 쥐어짜고. 그게 될 턱이 있나요. 그래도 영작은 내가
작문 선생을 많이 감동시켰어요. 6개월 지난 후에 나보고 그러더라고. 미스터 리, 이러고
부르더니 늦은 것 같긴 하지만 글을 한번 써 보라고. 하하."

다과를 마치고 우리는 집필실로 자리를 옮겼다. 그는 낡은 앨범을 꺼내 한 장씩 소개했다.
유년 시절 사진은 두어 장뿐이었다.

"국민학교는 졸업했는데 어쩌다 보니 앨범이 없어요. 중학교, 고등학교, 대학교는 졸업을
안 해서 앨범이 없고. 우리 때는 소풍 가고 수학여행 가야 사진을 찍는데 그걸 안 가니까 사
진이 없습니다."

이문열은 1948년 서울 청운동에서 3남 2녀 중 3남으로 태어났다. 본명은 이열李烈. 어머
니는 그를 임신한 채로 아버지를 돕는다고 삐라를 뿌리다가 경찰한테 붙잡혀 구금되었다.
아버지가 찾아와 어머니의 배를 쓰다듬으며 배 속에서부터 싸운 아이니까 열렬한 투사가
되라고 열이라 이름 지었다. 아버지의 월북 이후 가계는 파탄이 났다. 이문열은 초등학교
부터 대학교까지 16년의 교육 과정 중 절반만 학교를 다녔다. 학교 밖 그의 유일한 스승은
책이었다.

**어릴 때야 가정 형편이나 이사로 학업을 중단할 수밖에 없었다지만 검정고시로 어렵게 들
어간 대학은 왜 그만두셨습니까?** "세 학기를 다니고 그만뒀는데 다시는 오지 않겠다는 결
의를 드러내는 의미로 그랬어요. 그냥 안 나오면 제적이 되는데 그때 내가 무슨 기분이었
는지 자퇴를 했어요. 5~6년 후에 졸업을 할까 싶어서 돌아가려니까 퇴학당한 사람은 구제

110

가 돼도 자퇴한 사람은 구제가 안 된대요. 그땐 퇴로를 없앤다는 생각이었는데."

학과 공부에 흥미가 없으셨나요? "과도 매력이 없었고…… 우리 집이 서울에 있고 학교 다니기가 불편하지 않았다면 그럭저럭 졸업은 안 했겠나 싶어요. 그런데 학교 다니려면 아르바이트 해야 하고 이래저래 눈치도 봐야 하고. 고달픈데 별로 재미도 없고."

대학을 중퇴하고 사법 시험을 준비하셨는데. "햇수로는 3년을 했는데 제대로 한 건 2년이 채 안 됩니다."

시험은 몇 번 치르셨습니까? "세 번 봤어요. 두 번은 한 해에 봤는데, 처음엔 되려고 한 건 아니었어요. 원래는 대개 1월에 시험이 있는데 그해 3월인가에 고향에 가니까 6월에 시험이 한 번 더 있었어요. 전혀 준비가 안 된 상태였죠. 그래도 쳐 보기는 한 거죠."

법관에 뜻이 있으셨나요? 아니면 단순히 출세의 지름길로 택하셨나요? "복합적이었어요. 당시엔 사법 고시를 치르려면 일반 대학교를 졸업하거나 법대 3년을 수료해야 사법 고시 시험 자격이 생겼어요. 이걸 면하는 길은 예전 보통 고시, 우리 때는 용어가 바뀌어서 사법 및 행정 요원 예비 시험이라고 했는데, 그걸 합격하면 법대 3년 수료 자격을 줬어요. 그래서 그걸 합격하고 학교를 그만둘 명분을 만들었죠. 형님한테 나 고시 할 거다, 이거 있으면 대학 졸업 안 해도 할 수 있다고."

작가가 되신 걸 보면 공부를 열심히 하시진 않았던 모양입니다. "1월부터 시험 준비에 들어가야 하는데 그러지 못하고 6~7월까지 어슬렁거렸죠. 주로 책을 보거나 글을 쓰거나 하다가 여름 가고 가을바람 불면 아차 하고 준비하는 그런 식으로. 하하. 전력투구를 하지 못했죠."

사법 시험도 중도 포기하셨는데. "3년이란 시간을 쓰고 73년이 되니까 군대 갈 나이가 됐어요. 학교도 안 다니고 군대도 안 나오고 직장도 없이 떠돌아다니는 게 3년이라. 은근히 겁도 나고 큰일 났다 싶더라고. 그래서 스물여섯에 군대를 갔죠. 내 자리로 돌아가는 작업을 시작한 겁니다."

그래서 제대 후엔 어느 자리로 돌아가셨습니까? "대구 고시 학원에서 강의를 했습니다. 정치학이나 법학, 행정학, 뭐든지 다 했어요. 수학 빼고는 다 했죠. 내가 고등학교 때 문과를 해서 미적분도 모르고 집합도 못해요. 우리 때는 집합이 이과에 있었습니다. 그런데 그땐

111

집합이 많이 확장되어서 중학교에도 나오더라고요. 그래서 수학만 못하고 다른 과목은 다 했죠."

1977년 그는 〈나자레를 아십니까〉로 매일신문 신춘문예에 가작 입선한다. 이듬해 매일신문에 기자로 입사해 편집부로 발령된다. 그리고 1979년 1월 동아일보 신춘문예에 〈새하곡〉이 당선되면서 문단에 나온다.

선생님 작품은 〈우리들의 일그러진 영웅〉, 《황제를 위하여》, 〈익명의 섬〉, 〈사로잡힌 악령〉처럼 제목이 특히 인상적인데, 혹시 신문사 편집부 이력 덕분인가요? "하하. 사실은 내가 제목에 고심을 많이 하는 편입니다. 제일 처음으로 가진 정식 직업이 신문사 편집부 기자라서 그럴지도 모릅니다. 편집부 직원끼리는 별 우스운 농담이 다 나와요. 예를 들면 '홍도야 울지 마라'를 석 자로 줄이라고 하면 도저히 안 나오죠. 그러면 어떤 놈이 그럽니다. 홍도 뚝. 하하. 그런 재밌는 방법이 많습니다. 그렇게 단련하다 보니까 습관이 되어서 제목이 없으면 글을 쓰질 못합니다."

동아일보 신춘문예에 당선되고 나서도 한동안 매일신문사를 다니셨습니다. "81년 봄까지 다녔어요. 사실 81년에 그만둘 때도 원래는 동아일보로 옮기기로 되어 있었어요. 일종의 스카우트였죠. 병원 신체검사도 하고 사표까지 내고 올라왔는데 최종 면접에서 시비가 났어요."

시비라니요? "나는 스카우트되어서 왔다고 생각했는데 이 양반들이 위압적일뿐 아니라 봐주는 식으로 해서. 학교는 왜 때려치웠냐고 따지고, 우리 신문 중편 당선자라고 해서 특별한 호의가 있을 걸로 기대하지 마라, 우리는 지금 기자를 뽑는 거다, 그러니까 사람 기가 죽잖아요. 나중에는 나도 화가 났어요. 그래서 다시 대구 내려가서 편집하면서 소설이나 쓸랍니다, 하고 일어서니까 그때 논설주간 하던, 〈바비도〉를 쓴 김성한 씨가 앉아 보라고. 어른들 있는데 저거 한다고 그러면 되냐고. 그래서 다시 앉아서 끝까지 하긴 했는데 나도 김샜고 그 사람들도 기분이 상했고. 그래서 깨져 버렸어요. 다시 돌아가기도 미안해서 앉은 김에 뭐 한다고 전업 작가로 나섰죠."

전업 작가로 나선다니까 고향 어른들은 뭐라고 하시던가요? "지금은 많이 좋아졌는데 60년대까지만 해도 전통적 가치에서 문학 혹은 문장에 값을 쳐주지 않았습니다. 노인들이 가

지고 있는 문인의 이미지는 《폐허》나 《창조》 동인들이라고. 폐병 걸려서 피 토하고 죽거나 아편이나 하는 퇴폐적인 삶. 하하. 또 소학小學에서 '범문사凡文事 일향호착一向好着 개탈지皆奪志'라 해서 장부가 글 쓰는 것에 너무 치우치면 큰 뜻을 잃어버린다고 했습니다. 여자들한텐 더 심했습니다. 문장이 찬란하면 창부의 본색이라고 했습니다. 전통적 가치관에선 야박한 게 있었죠. 서울대 국어교육과를 가니까 그러는 거예요. 나도 알고 너도 아는 꼴랑 언문이나 배우러 갔나. 하하. 가치 배분이 참 낮았죠. 그래서 처음에 작가가 되고는 한동안 고향을 잘 안 갔습니다."

1979년 데뷔 첫해에 중단편을 8편이나 발표하셨습니다. "그게 다 70년부터 73년까지의 고시 공덕입니다. 내가 문단에 나갈 때 이미 단편 12개, 중편 5개, 장편 1개를 가지고 있었어요."

등단하기 전에 그걸 다 써 놓은 겁니까? "네. 내가 늦게 됐잖아요. 79년이면 만 31세인데 최인호 작가는 고등학교 2학년 때 문단에 나왔다고요. 황석영 선배도 고등학교 3학년 때 나왔고. 나는 그들보다 10년이나 늦게 나갔는데."

왜 그렇게 많이 모아 두셨습니까? 여기저기 투고를 하시지. "일종의 비축이었죠. 달랑 하나 가지고 등단하고 나면 어쩔 거예요? 된다는 보장도 없지만 그런 연마를 통해야 내가 좀 진보할 것 아니에요? 하나 달랑 해서 다음 작품 낼 때까지 몇 년 있다가 가져가면 잡지사도 안 쳐다봐요."

어제도 말씀하셨지만 '불행하게도' 선생님의 저서 중 평역 《삼국지》가 제일 많이 나갔습니다. 한국 출판 사상 최고의 베스트셀러인데요, 조선족 평론가가 쓴 책을 보니까 선생님 책에 오류가 더러 있다고 하던데요. "오류가 1만 개가 된다고 했는데 적어도 80% 이상은 그 사람 말이 맞습니다."

그럼 선생님 책은 오류투성이란 뜻입니까? "그중 몇천 개가 한 단어 때문에 그렇습니다. 사마의와 제갈량이 싸울 때 군량으로 쓰려고 보리 베어 가는 거 있죠? 원문에선 맥麥입니다. 맥은 두 가지인데, 대맥이 보리고 소맥이 밀이에요. 사실 북방에선 맥이라고 하면 대개 밀입니다. 중국 사람들은 보리로 밥을 안 해 먹으니까. 그런데 왜 그럼 보리로 했느냐. 우리는 밀을 베어 와도 식량을 못 하잖아요. 보리를 베어야 군사들이 보리밥을 먹을 수 있잖아요. 그래서 보리라고 했어요. 그 말이 천 번은 나옵니다. 그럼 천 번 틀린 거죠. 하하."

모두 다 독자의 이해를 돕기 위한 고육지책이었다? "그런 것도 있고, 어떤 건 내가 무식해서 틀린 것도 있습니다. 예를 들어 예양의 사람들이 모였다는 말이 나옵니다. 나는 그거를 예주와 양주의 사람들로 생각했는데, 예양이란 사람이 있었어요. 그러면 꼼짝없이 무식한 죄를 입어야지. 내가 그 사람을 몰라서 예주 양주 사람들로 해 놓은 거예요."

국외에서 반응이 좋은 작품은 어떤 겁니까? "《시인》하고 〈우리들의 일그러진 영웅〉 둘이 비슷할 겁니다."

판매 부수는요? "판매 부수는 〈우리들의 일그러진 영웅〉이 더 많아요. 《시인》도 영국, 프랑스에선 판매가 많죠. 거기는 초판 3천 권만 소진되어도 상당히 즐거워하는 그런 출판이니까. 프랑스에선 《시인》이 2만 부 정도 나갔습니다."

몇 개국에 번역된 거죠? "《시인》은 11개국이고, 〈우리들의 일그러진 영웅〉은 13~14개국쯤 될 겁니다."

왜 유독 그 두 작품이 외국에서 반응이 좋았을까요? "글쎄요. 사실 〈우리들의 일그러진 영웅〉은 우리나라 교과서에 실려서 그렇지 처음에 나왔을 땐 그리 좋은 평을 듣지 못했거든요. 80년대 중반에 나왔는데 각박한 시절에 급장이 물러나는 것에 연민을 느끼고, 욕하라는데 안 하고. 아주 애매한 입장이죠. 거기 나오는 지식인들도 간사하게 나오죠. 제일 저항했던 놈이 이 모양이고, 모든 지식인들은 붙어먹다가 나중에 그놈이 자빠지고 나니까 전부 일어서서 저 새끼 나쁜 놈이라고 하고. 그걸 80년대 체제의 5공 독재자에 대입시키면 얼마나 애매해요.

그런데 프랑스 르몽드를 보니까 내가 듣고 싶던 말을 해 놨더군요. 외국인이 보기에 우리는 정치와 문화, 혹은 정치와 경제 사이에 이상한 불합리를 겪고 있는 거예요. 경제적으로 아주 발전하는 나라였는데 정치는 5공 시절이란 말이에요. 운동권이나 민족 문학 쪽에서 이걸 설명하는 책들이 더러 나갔는데, 너무 강경하게 말하니까 설명이 안 되는 거라. 그런 사회에서 저런 경제적 번영이 어떻게 생겼냐 이거야. 너희 말대로 하면 그런 나쁜 놈들이 있어서 너희 나라는 망해야 되는데 저건 뭐냐 이거야. 그래서 헷갈렸는데 〈우리들의 일그러진 영웅〉을 보면서 비로소 한국의 처지를 알겠더라. 그리고 지식인과 권력의 관계에 대해서 내가 의도했던 것들을 정확히 읽어서, 외국 사람들이 80년대 초중반의 한국을 이해하는 책으로 이보다 더 나은 책이 없다, 그렇게 써 놓은 걸 봤습니다."

처음에 의도하신 건 뭐였습니까? "내 자신의 변명 같은 것이었어요. 5공의 출현이 필연이고 정의이고 역사의 영광이 될 수는 없는 거죠. 그 사람은 당시 실정법에 따라 법을 어기지 않았다 해도 유신 헌법 자체가 엉망이었기 때문에 반드시 정의가 되는 건 아닙니다. 거꾸로 이런 말도 할 수는 있어요. 광주 학살이라고 하는데 학살은 죄 없는 사람을 쏴 죽이는 겁니다. 그런데 최규하 체제에서 군대와 경찰이 깨끗하고 치안이 유지되는 마당에 이루어진 거라고요. 그런 상황에서 계엄령은 당연히 발동될 것이고, 계엄령이 발동되었는데 집단으로 모의하면 헌법 보세요, 발포해도 되지. 어떤 의미에선 정당 행위예요. 재판 기록에도 나와 있어요. 그때 총 쏜 사람들 다 벌 받았을 것 같죠? 현장에서 발포 명령을 내렸던 대위나 총을 쏜 사병들은 아무도 벌 받지 않았습니다.

그런 거는 있지만 너 그러면 안 된다, 아무리 법이 그래도 법 자체가 잘못됐으니까 법부터 바꾸자. 이래야 됐는데. 박정희의 구법을, 악법을 그대로 유지해서 이득을 취하지 않았냐. 이런 말도 할 수 있어야 했는데, 나는 지역도 지역이지만 내 입장이 있어서 그러지 못했어요. 이게 마음의 빚이 되는 거죠. 광주에서 사람이 죽었는데 난 한 번도 제대로 된 항의를 못해서. 사실 나도 많은 피해를 입었는데 그것조차 항의를 못했다고."

선생님도 피해를 입으셨다고요? "5공, 6공 동안에 내 작품들 중에 있어도 없었던 걸로 치면서 전혀 인쇄를 못하고 거론하지 못했던 작품이 둘 있었어요. 〈필론의 돼지〉하고 〈새하곡〉입니다. 별거 아닌 것들이에요. 그리고 또 《그대 다시는 고향에 가지 못하리》라는 책을 천 매 내놨더니 검열해서 6백 매가 나왔어요. 그땐 그런 일이 많았습니다. 어떤 시인은 제목을 사행시라고 해서 냈는데 한 행이 문제가 돼서 지워 버렸어요. 그래서 제목이 삼행시로 바뀌었죠. 하하."

방금 두 작품은 저도 읽었는데 그리 반체제적이지 않던데요. "군인 위주의 체제, 유신 사회의 긴급조치 체제에선 전부 자구가 문제예요. 처음부터 끝까지 다 그런 건 김지하 시인의 〈오적〉 정도밖에 없어요. 보통은 자구 때문에 얻어터지죠. 〈새하곡〉에선 보안 부대 사병을 나쁘게 이야기한 게 있습니다. 또 대통령이 참관하는 훈련인데 포가 안 맞으면 지휘관들이 창피하잖아요. 그래서 군인들이 미리 가서 폭약을 설치해 놨다가 포를 팡팡 쏘다가 안 맞으면 눌러서 명중한 것처럼 터뜨리죠. 그런 얘기를 썼다 이겁니다. 그게 말썽이 돼서 87년까진 책에 못 나왔죠. 〈필론의 돼지〉는 5·18 전에 썼는데 책이 그 무렵에 나왔어요. 그러니까 보안 부대에서 '검은 베레'라는 표현을 보고……"

'검은 각반' 아닙니까? "원래는 '검은 베레'입니다. 87년도에 다시 나올 때도 베레모로 하면 안 된다고 해서 육군도 해군도 공군도 없는 '검은 각반'으로 한 거예요."

체제에 아주 순응하신 것만은 아니군요. "그땐 아무 말 못하고 가만히 있다가 이제 와서 말하면 우스워져요. 내가 요새 제일 싫은 게 그런 사람들인데, 〈우리들의 일그러진 영웅〉에 나오는 분단장이나 똑똑한 애들, 그런 놈들이 제일 싫어요. 꼭 엎어지고 나서야 자기가 뺏긴 거, 얻어맞은 거 다 얘기하고. 게다가 또 덧붙여요. 선생님은 그 사람의 죄만 물었는데 순 나쁜 놈의 새끼, 개새끼 하는 건 덧붙인 거라고. 그런데 우리나라에 덧붙인 사람들 많습니다. 그런 사람 많지. 나는 그런 부류가 되기 싫어서 내가 조금 곤란했다든가 피해를 입었다든가 이런 얘기는 하고 싶지 않아요."

먼 길을 돌아 이제 〈우리들의 일그러진 영웅〉의 집필 동기가 나온다.

"어쨌든 내 입장이 조금 난처했는데 84~85년이 되니까 그래도 내가 가만있었던 게 죽을 죄는 아닌가 보다 싶더라고. 이대로 우리 사회가 수습되어 가겠다는…… 왜냐면 그 사람이 많은 이들을 괴롭혔지만 한 일도 많습니다. 사람들이 다 잊어버리고 있는데 그렇게 많은 해제와 해금을 한 정권이 아마 없을 거예요. 통금이 전쟁 때 만들어진 건데 30년 동안 아무도 통금 해제를 못했어요. 그걸 풀었죠. 그리고 그때까지 《공산당 선언》이나 《자본론》을 들고 다니면 불온서적으로 걸렸는데 그걸 해금했습니다. 그때 1백 권을 해금했어요. 그 다음에 연좌제. 나는 이것 때문에 그 사람들한테 좀 더 호감이 많은데, 날 따라다니던 형사가 어느 날 와서 이제 다시 안 오겠습니다, 그러더라고. 교복 자율화, 두발 자율화도 그때 했죠. 하여튼 풀어 줬던 게 스무 항목쯤 될 겁니다."

날뛰던 물가를 3%로 잡았다든가 침체된 경제 성장률을 8%로 끌어올렸다든가 하는 제5공화국의 치적에 대한 설명이 한동안 이어졌다. 다시 그의 말이다.

"그러다 87년도에 6·10 항쟁이 터진 거라. 대학생이나 호남 사람들만 그러는 게 아니라

넥타이 부대와 소시민들도 많이 참석했더라고요. 내가 봐도 체육관 선거를 또 하겠다는 건 무리고. 다들 성이 난 거 같더라고. 다른 게 아니라 체육관 간접 선거 하겠다는 딱 그거 때문에. 그래서 내가 걱정스러워서 쓴 게 〈우리들의 일그러진 영웅〉입니다. 그때까진 전두환이 그렇게 귀때기 맞고 가는 때는 아니었어요. 그건 10년 뒤에나 일어나는 사건이죠. 아마 난 앞질러 그런 예감을 했던가 봐요."

정치 얘기는 가급적 피하고 싶었지만 애당초 불가능한 일인지도 몰랐다. 나는 아예 작정하고 물었다.

DJ나 노무현 정권 때 문화 헤게모니의 90% 이상을 좌파 진영이 점령했다는 분석이 있습니다. MB와 박근혜 정권이 들어서면서 우파 진영이 탈환에 성공한 것 같습니까? "일종의 타성 같은 게 있는지 내가 보기엔 안 돌아온 것 같습니다. 여전히 9 대 1로 봅니다. 말 안 하는 놈은 허수예요. 없는 거죠. 말해야 할 때 안 하는 놈은 반대편과 똑같습니다."

문화계 인사들은 왜 진보 성향이 많을까요? "우리나라가 30년간 대통령 선거를 6번 했습니다. 평균적으로 유권자들의 좌우 혹은 보수와 진보의 분포는 한 번도 55 대 45가 깨진 적이 없어요. 이겨도 55% 이상으로 압도적으로 이긴 적이 없고, 져도 44% 이하로 압도적으로 진 적이 없어요. 그게 딱 한 번 깨졌는데 뭐가 잘못돼서 그런 거예요. 노태우가 당선될 때 37%로 됐습니다. 예외가 한 번 있었죠. 박근혜 대통령이 근사치에 가깝습니다. 52 대 48.

그런데 이 나라의 작가들은 100% 유권자입니다. 내가 수십 년간 신춘문예 심사에 관여했는데, 유권자가 아닌, 그러니까 21세 미만을 소설가로 뽑은 적이 없습니다. 지난 30년간 한 번도 없고 다른 사람이 뽑는 것도 못 봤습니다. 내가 작가가 된 80년부터는 단 한 사람도 없습니다. 지난 대선에서 1백 명 이상의 작가들이 모여서 공동 발표를 다섯 번 했는데 다 문재인 후보 지지였습니다. 박근혜 후보를 지지한 우파나 보수 작가 봤습니까? 못 봤죠? 그거만 보면 일단 0%예요. 숨어 있는 게 있다 쳐서 8 대 2, 7 대 3이라 해도 이상한 거예요. 우리나라는 6·25때 이미 나라 절반을 갈라서 좌파한테 줬습니다. 진보도 그때 북으로 많이 올라갔고요. 반 쪼가리 남았는데 또 반 쪼개 주라고? 그런데 거꾸로 90%가 되었으니 이건 엄청나게 이상한 거죠."

그러니까 대체 왜 그런 걸까요? "우리나라 민중 문학 사람들의 세뇌, 다른 말로 하면 진지 전에서 승리한 거죠. 그래서 우리 진지가 다 파괴되어 버린 겁니다. 이명박이 되고 박근혜가 되어서 진지를 탈환하려는데, 진지의 속성을 이해하지 못하고 사령관만 똑똑한 우파 하나 보냅니다. 그러니 안 쫓겨나면 다행이죠. 나는 요즘 그람시의 위대함을 느낍니다. 성찰이 깊을 뿐 아니라 아주 날카로워요."

2004년에 한나라당 공천심사위원을 지내셨습니다. 두 달 반 정도 정치에 직접 관여해 보시니 어떻던가요? "작가로서의 체험 면에서 상당히 유익했던 것 같습니다. 비로소 이 리그를 무시해선 안 되겠구나, 리그에서 빠질 일이 아니구나, 하는 느낌을 받았어요. 그런 건 좋았는데 지금도 상처가 되어 있는 것은 그걸 사람들이 너무 악용을 했어요. 민주당에서도 작가가 공천심사위원을 한 적이 있습니다. 그 사람들한테 정치했다고 비난합니까? 그런데 난 인터넷 약력에 소설가라고 안 하고 한나라당 공천심사위원, 이러는 거라. 75일간 임금도 없이 임시직으로 한 건데 이걸 무슨 큰 직업처럼 만날 그 얘기라. 김주영, 도종환, 안도현 작가도 공천심사위원 했어요. 그런데 자기들이 한 건 정치가 아니라 민주화고 운동이고 참여라."

2000년대 들어서 정치적 발언을 자주 하셨는데, 직업으로서의 정치를 생각해 보신 적은 없습니까? "그런 건 처음부터 그들만의 리그라니까요. 나는 그게 마흔이 될 때까지도 안 풀렸어요. 정치라고 하면 나와는 상관없는 것. 나중에 내가 이름을 조금 얻고 나서 이 사회의 의식 형성에 책임을 져야 한다는 느낌을 받았어요. 별로 한 것도 없이 과분한 대접을 받아서 독자에 대한 감사의 마음이 있어요. 그게 오히려 사람을 정치화시키더라고요. 내가 좋아하는 사람들이 만든 나라고 세계인데, 이 세계가 어떻게 발전하든 이 사람들의 행복이 커지도록 발전했으면 좋겠다. 그런 희망이 생기기 시작하면서 한 발 꺼내기 시작하는데, 크게 나눠서 두 가지 대안 중에 하나를 골라야지 둘 다 할 수는 없거든. 그전처럼 그들만의 리그라고 하고 둘 다 아니라고 할 수도 없고. 그래서 선택이 생기게 됩니다."

그때 보수 우파를 택하신 이유는 뭡니까? "내 생각엔 저쪽에서 나를 적대하고 공격하니까, 말하자면 민족 문학, 창작과 비평 쪽의 부인과 비판이 시작되니까 저절로 내 선택은 거기 가서 내가 잘못했어요, 당신들이 옳아요, 할 순 없었습니다. 처음 어느 시기까지는 약간 동정적이었을 거예요. 좋지는 않았고. 처음부터 저쪽은 좋아하지 않았어요. 왜냐면 나는 그들의 오만이 싫어요. 세계라는 건 공짜로 만들어지는 게 아닙니다. 많은 사람들이 수고했어요. 왜 자기들 빼고는 전부 다 악당 아니면 바보로 생각하는지. 누구나 한 번뿐인 삶을 가지고 웬만하면 남한테 욕먹을 짓 안 하려고 합니다. 나는 그걸 믿습니다. 이 세계도 그래요. 나한테 세계를 만들 힘이 있다면 내가 할 수 있는 최선을 다해 만들지, 왜 이상하게 만들어서 남 골탕 먹이겠어요? 나는 지금 만들어진 이 세계와 살았던 사람들에 대해, 그들이 정말 피눈물을 흘려 가며 애써 살았던 것을 잊지 않으려고 해요. 내 보수란 그런 뜻입니다."

아무래도 월북한 부친의 영향이 컸겠죠? "꼭 그렇진 않아요. 내가 보수주의자를 자처한 것은 그 뒤에 벌어진 삶의 환경 때문입니다. 아버지에 대한 반발 혹은 친밀감 때문에 사회주의나 좌파에 관심을 가지지 않았던 것처럼, 아버지에 대한 감정 때문에 보수주의자가 되었다고 생각하지는 않아요."

보수 정당에서 공천 제안도 많이 받으셨죠? "직간접적으로 한두 번 받아 본 적이 있어요. 내가 워낙 그쪽에 알려져 있어서 그런 건데, 그런 제안이 오면 두 번 다시 말하고 싶지 않도록 해 버립니다."

어떻게 하시는데요? "새누리당 보고 새대가리당이라고 하고. 하하. 그럼 다시 근처에 오고 싶지 않거든. 저 사람한테 가서 그 얘기하면 또 그 소리 듣는다고."

왜 그렇게 완강히 거부하십니까? "지금은 너무 늦었습니다. 20~30년 전 같으면 아마 고려를 해 보겠는데…… 20년 전만 해도 그래요. 40대 후반인데 무슨."

보통 40대 후반에 정계 입문을 많이 하는데요. "정치라는 것이 누구나 하는 것이라지만 나는 그리 안 봅니다. 정치야말로 숙려와 습득이 필요한 기술이라 생각합니다. 직업이라는 것은 내가 제일 잘할 수 있고 생산성이 제일 높은 것을 선택하는 거예요. 그런데 나한테는 젊은 날부터 제일 중요한 일이 글 쓰는 거였어요. 여기에 대한 능력은 좀 길렀을 거예요. 그리고 그 효과가 다만 책 몇천 권이라도 더 팔게 만들어 주었을 겁니다. 대신에 그들만의 리그라고 하면서 빈둥거리고 지나가면서 내가 정치가가 되었으면 꼭 해야 할 것, 익혀야 할 것들을 아무것도 안 했다고. 그러면 내가 이걸 하면 굉장히 비생산적이 되겠죠. 내가 제일 잘할 수 있는 게 아니라고요. 또 사람들도 그래요. 좋은 사람 뽑으면 자기 삶에도 도움이 될 텐데, 글 좀 써서 이름 좀 났다고 엉뚱한 사람 뽑으면 왕창 손해나는 짓이죠. 저 손해나고 나 손해나는 짓을 왜 하겠어요. 내가 자조처럼 그런 말을 합니다. 이번 삶에선 어쩔 수 없다. 이미 늦었다. 다음 삶 같으면 한번 생각해 보자고."

선생님께서 생각하는 보수의 최고 가치는 무엇입니까? "아까도 얘기했지만 지나간 사람 혹은 시간에 대한 존중입니다. 저거가 만든 세계만 옳고 지금 세계는 없어져야 한다고 믿는 독선을 나는 이해 못합니다. 인간은 누구도 악당이나 바보가 되고 싶어 하지 않습니다. 자기 나름대로 자기 삶을 사는 거예요. 그것도 최선의 모습으로. 뜻대로 되지 않아 실수도 하겠지만 기본적으론 그렇습니다. 마르크스가 말한 것처럼 역사는 변해야 하고, 저거 말로는 진보인데, 그것이 역사의 선이라면, 우린 너무 많은 세월을 낭비한 거예요."

진보 정권 10년간 관계가 원만하지 않으셨는데 두 전임 대통령들을 어떻게 평가하십니까? "사실 DJ와 사이좋게 지내지는 않았지만 지금 와서 가만히 생각하면 대단한 사람이에요. 그 사람이야말로 정치 보복을 하면 제일 많이 해야 될 사람이라고. 그런데 DJ는 옛날에 자기 괴롭힌 사람들을 보복한 게 없어요. 그거 쉽지 않습니다. 또 DJ의 강점이 있다면, 물론 대통령이 되기 위해 그랬지만, 어쨌든 박태준도 끌고 가고 JP도 끌고 왔는데 대단한 포용력이에요. 노태우가 김영삼 끌어들인 것보다 더 어려운 거예요.

노무현 대통령 같은 경우에는 여러 가지 마음에 안 드는 것도 있지만 기존 지도자들이 가지고 있던 권위주의의 틀을 깬 사람이에요. 대통령 리더십의 지평의 한계를 넓힌 거죠. 그것만 가지고도 대단한 강점인데, 그렇다고 위대한 대통령이라면서 대통령 여덟 명 중에 (호감도에서) 일등까지 하는 건 잘 모르겠어요. 억울한 일이긴 합니다. 어떤 놈은 몇천 억도 해 먹는데 사람이 죽도록 그리 몰아댄다는 거. 그걸 생각하면 동정도 되지만 엄밀히 말하면 범죄 혐의를 받고 수사 중에 자살했다고요. 자살은 시인의 의미를 가지거든요. 그런데 그걸 미화한다는 건 언어도단이라 생각합니다."

오랜 정치 얘기가 끝났다. 잡지에 게재하진 않았지만 그는 대북 문제와 세월호 사고에 대한 입장을 밝히기도 했다. 정치 얘기보다는 문학 얘기를 하자던 그였지만 정치 얘기를 할 때 가장 생동감이 넘쳤다. 우리는 다시 문학 얘기로 돌아갔다.

좋은 책이란 어떤 책입니까? "인생의 어느 시기까지 내가 책을 고를 때 제일 기준은 이 책에서 무얼 얻을 수 있는가 하는 것이었습니다. 사람들이 좋은 책이 뭐냐고 물으면 다 읽고 나서 기억이 안 나는 책, 인용할 구절이 하나도 없는 책은 읽지 말라고 했습니다. 그런데 지금은 조금 달라졌습니다. 더 이상 교양 하나만으로 살 수도 없고, 우리 인생에 여러 통찰과 사고가 필요한데, 거기에 도움이 되는 책이라면 좋은 책 아니겠는가, 그래요.

우리가 산다는 건 삶의 수수께끼를 받으면서 사는 겁니다. 수수께끼에 대답하는 데 도움이 되는 책이 좋은 책 아니겠습니까. 예를 들면 《천일야화》에서 세헤라자데가 밤마다 얘기를 못하면 죽잖아요. 특별한 이야기 속의 주인공의 운명 같지만 사실 인간은 그런 운명에 자주 빠집니다. 얘기해야 할 때 못하면 죽는 수가 많습니다. 그 얘기를 배우는 겁니다. 그게 무슨 얘기든 간에. 또 어떨 때는 우리 인생에서 스핑크스를 만납니다. 길 가다 만나서 대답을 못하면 잡아먹는 거죠. 그 대답을 미리 준비하는 데에는 책이 가장 효용이 있지 않을까. 아무래도 교양주의적이죠."

글을 쓰시는 이유는 뭔가요? "일종의 마감 혹은 수습 작업입니다. 내가 그동안 작가라는 이름을 달고 35년을 살았습니다. 그 전에 쓰기 위해 보낸 시간까지 하면 40년 혹은 50년 가까이 될 텐데, 그 세월 동안 했던 일들에 대한 수습과 마감 작업. 지금은 그 정도가 제일 큰 의미가 되었습니다. 무슨 새로운 이야기를 가지고 누구에게 영향을 준다거나 세상을 바꾼다거나 하는 것들은 지금은 전혀……."

마지막 꿈이 있으시다면? "꿈인지 소망인지 뭔지 모르겠는데, 우선은 내가 지금까지 가졌던 작품 계획이 있었어요. 얼마 전까지도 이건 내가 다 할 거라고 생각했는데, 지금은 그중에서 절반 이상이 날아가 버렸습니다. 그걸 큰 탈 없이 마치고, 그 다음에 계획에 없던 새로운 것, 나이와 경험에 맞는, 거창하게 기대하면 정전正傳이 될 만한 그런 책을 가져 보는 건데, 너무 과한 꿈인지도 모르겠어."

열 시간에 걸친 인터뷰를 마쳤을 때 그의 목소리는 완전히 갈라져 있었다. 많은 대화를 나누었지만 그를 이해하는 단서가 되거나 역사적 기록으로 남길 만한 발언만 추리기로 했다. 서울로 향하는 도로는 극심한 정체를 보였다. 가다 서다를 반복하다 오랜 친구들에게 전화했다. 이문열 선생을 만나고 돌아가는 길이라 하니 한 명은 《삼국지》를, 다른 한 명은 '조중동'을 먼저 입에 올렸다. 그만큼 과소평가된 동시에 과대평가된 작가도 드물 것이다. **b**

PARTNER

이문열의 아내는 소설 속 '장씨 부인'과 닮은 듯 달랐다.
이문열 내외를 아는 이들은 말한다. "그 부인을 알면 이문열을 미워할 수가 없다"

소녀는 책을 읽고 싶었다. 마을 어귀에 있는 정자에서 논어와 맹자를 소리 내 읽는 이들은 전부 남자였다. 소녀는 눈을 피해 새벽이슬을 맞으며 정자를 드나들었다. 소녀의 학구열을 어여삐 여긴 훈장은 한 사람을 위한 새벽 공부방을 열었다. 어느 아침 정자 댓돌에 남자 신발이 있었다. 소녀는 발길을 돌려야 했다. 그렇게 시작된 인연으로 그의 아내가 되었다.

"이 세상에 나를 특정하는 유일한 기호는 아버지의 핏줄을 드러내는 장張이라는 성씨와 훌륭한 아들을 기려 나라에서 내린 정부인貞夫人이란 봉작封爵뿐이다. 그나마 그 둘을 결합해서야 겨우 딸이거나 아내이거나 어머니거나 며느리 또는 할머니라는 여인 보편의 이름에서 나를 특정해 낼 수 있다."

이문열의 13대조 할머니를 모델로 한 소설《선택》의 주인공 정부인 장씨貞夫人 張氏는 개인으로서가 아니라 오직 남성들과의 관계하에서만 자신의 정체성이 확립되는 '이름 없는 여인'이었다. 이문열이 '선택'한 아내도 종갓집 며느리상일 것이라는 선입견이 있었다.

부악문원에서 만난 박필순(66) 씨는 소설 속 장씨 부인과 닮은 듯 달랐다. 수줍음이 많지만 대화를 즐겼고, 남편의 대답이 미진하다 싶으면 어느 틈엔가 조용히 말을 보탰다. 딸의 혼수로 보내려고 놓기 시작한 자수 솜씨는 어느새 취미 수준을 넘었다.

이문열 내외를 아는 이들은 말한다. "그 부인을 알면 이문열을 미워할 수가 없다." 박필순은 유명 소설가의 아내이자, 2남 1녀의 어머니이자, 국내외에서 자신의 이름으로 전시회를 연 자수 예술가다.

유교 집안의 개방성

이문열 선생님 여동생 분과 친구 사이시라고 들었습니다. "맞아요. 그런데 그 친구의 막내 오빠인 줄은 나중에야 알았어요."

그럼 첫 만남은 어떻게? "제가 열아홉 살 무렵 여름에 공부를 하러 다녔어요. 거기가 재령 이씨만 사는 동네였는데, 남자들이 여름 방학 때 큰 정자에서 논어, 맹자, 소학, 대학 등을 공부하는 거예요. 정자 옆 재실齋室에 그 집안 어른이 계셨는데, 머무시는 동안 공부방을 여신 거죠. 그때 여자는 제가 아마 처음이자 마지막이었을 겁니다. 당시만 해도 여자들은 공부방 같은데 잘 다니질 않았으니까요. 공부는 하고 싶은데 남자들과 같이 배울 수 없어서 아무도 없는 아침 일찍 혼자 다녀오곤 했어요. 그런데 어느 날 그곳에 가니까 웬 남자가 와 있는 거예요."

그 남자가 바로 이문열 선생님이었겠군요. 첫인상이 어떠셨어요? "정확히 기억나진 않아요. 볼 생각을 하지 않았으니까요. 그런데 이튿날 또 왔더라고요. 신발을 보고 알았어요. 하는 수 없이 저는 집으로 돌아갔고 그 다음부터 나가질 않았습니다. 며칠 지나자 훈장 선생님이 집에 오셔서 왜 어제도 오늘도 안 왔냐고 물으셨어요. 처음엔 말씀을 못 드렸는데 따져 물으셔서 어쩔 수 없이 자초지종을 설명드렸지요. 훈장 선생님은 방학이 끝나면 그 사람은 갈 것이니 하던 공부를 마저 하는 게 좋겠다고 하셨어요. 결국 밤에 다니는 것으로 얘기가 됐는데 남편이 그 사실을 알게 됐어요. 남편은 차라리 본인이 그만둘 테니 아침에 오라고, 여자가 어떻게 밤에 다니느냐고 하더라고요. 제가 본인 여동생과 친구 사이인 걸 나중에 알았던 거죠. 저도 그 남자가 그 남자구나 하고 알았지만 괜히 모른 척 했어요."

그렇게 내외하시다가 어떻게? "제가 어릴 때만 해도 시골 동네에선 모르는 사람하고는 말을 하지 않았어요. 집에 아마 양산이 다섯 개는 됐을 거예요. 좀 창피한 얘기지만 누가 혹시 아는 체를 할까 봐 쓰고 다녔죠. 하하. 그 이후 얘기는 쑥스러워서……."

1973년에 결혼하셨습니다. 그때 이문열 선생님이 대학 중퇴에, 고시도 낙방하고 힘든 시기였다고. "맞아요. 아까 그 훈장 선생님이 집에 오셔서 아버지께 청을 넣으신 거예요. 우리 집 식구들은 말도 안 되는 얘기라며 펄쩍 뛰었죠. 저쪽 집안에서도 어머님을 제외하고 모두 반대하셨을 거예요. 솔직히 말하자면 남편은 어떻게 생각했는지 모르지만 저는 이 결혼을 되도록이면 피하고 싶었어요. 사실 좀 힘들 것 같았거든요. 무척 가난하기도 했고, 아버지 문제로 연좌제도 걸려 있고……. 결혼하고 얼마 동안은 우리 집 담당 형사가 있었어요. 돈이 좀 생겨서 전셋집을 옮길 때마다 자금 출처를 캐묻고 그랬죠."

셋째 며느리신데 22년간 시어머니를 모셨다고 들었습니다. "남편이 군대에 가기 전에 결혼을 했어요. 저희 집에서 결혼을 하려면 군대를 먼저 갔다 와야지 안 그러면 못 한다고 했더니, 남편이 군대에 바로 갈 테니까 결혼 먼저 하자, 이런 거예요. 그래서 3월에 결혼을 하고 5월에 군대를 갔어요. 군에 있는 동안에는 친정서 지내다가 제대하고 바로 대구에 자리를 잡았는데, 어머니께서 그때부터 함께 사셨어요."

처음 시집 오셨을 때 가풍은 어땠나요? "규범이나 관습은 저희 친정보다 오히려 자유로웠어요. 어머니께서 어떤 건 굉장히 섬세하게 따지셨지만, 예를 들어 제가 무심코 실수를 해서 '이런 건 어머니께서 걱정을 하시겠다. 내가 좀 심했다' 싶을 때도 "왜 그랬니?" 하곤 넘어가시는 거예요. 그런 부분이 많아서 속으로 놀랐어요."

이문열 선생님도 가부장적일 것 같았는데 직접 와서 보니 전혀 그렇지 않더군요. "안 그래도 사람들이 남편을 그렇게 생각하고 어떻게 사느냐고 그래요. 그런데 남편은 생각보다 굉장히 가정적이고 원만한 성격이에요. 집안일로 이래저래 제가 불평을 할 때면 기막혀 하면서도 저의 편을 많이 봐주죠. 하하"

자녀 교육관은 따로 있으신가요? "아뇨. 저희는 한 번도 교육을 위해서 어떤 금기를 둔다거나 그런 건 없었어요. 오히려 자유로운 편이죠. 예를 들면 이런 식이에요. 집안 휴가가 23일로 잡혔을 때가 있었는데, 아이들은 25일부터 방학인 거예요. 남편은 "학교 이틀 안 가면 어때" 그래요. 그럼 아이들이 오히려 "아빠! 그러면 안 돼" 하는 식이죠."

자녀분들도 이문열 선생님께 편하게 대하나 봐요. "우리는 아침에 자고 일어나면 남편과 아이들이 서로 안고 한 바퀴 돌고, 뽀뽀도 하고 그러거든요. 아이들이 어릴 때부터 장가간 지금까지도 그래요. 그러니까 며느리들이 시집을 와서 처음엔 이상하게 생각한 것 같아요. 그런데 요즘은 며느리들도 만나거나 헤어질 때 "저도 안아 주세요" 이래요. 이젠 포옹을 안 하고 가면 인사를 안 했나 하는 생각이 든다고요. 부악문원에 있던 학생들도 와서 놀라워했어요. 어떤 면에선 자기들 부모님보다 훨씬 개방적이라면서."

옷섶에 수놓는 기도

자수를 하신다고 들었습니다. "제가 하는 건 생활 자수예요. 예술 작품이라기보다는 자식들 혼례복, 혼수품이나 손자들 돌옷을 해 주고 싶어서 1984년부터 자수 전문가 고행자 선생한테 배웠어요. 사슴, 물고기, 나비, 작은 들꽃 같은 작은 소재에 마음을 담아 옷섶에 놓는 거죠. 그런데 우리 딸이 아직 시집을 안 가서 못 쓰고 있어요. 며느리들하고 손자들은 다 해서 입혔는데. 하하"

생활 자수라지만 2006년도엔 전시회도 여셨는데요. "남편과 함께 미국 버클리에 머물 때 그곳에 계신 한국학 교수님이 말씀하셨어요. "여기 동아시아연구소에 중국, 일본은 전시할 작품들이 계속 쌓이는데 한국은 한 번도 전시회를 못 열어 봤다." 그러면서 저한테 자수품들을 전시해 보자고 제안하신 거예요. 한국에 돌아가 전시할 소품들을 챙기는데, 남편이 외국으로 들고 가기 전에 한국에서 먼저 해 보자고 하더군요. 그래서 서울 인사아트센터에서 전시회를 열고 버클리대학교 동아시아연구소에서도 작품전을 열었습니다."

관객 반응은 어떻던가요? 7년 동안 만드신 작품(8폭짜리 병풍 '일월곤륜도')도 있던데요. "처음에는 쑥스러운 마음이 컸는데 예상보다 반응이 좋아서 안심했어요. 우리 연령대에게 자수가 주는 정서는 어머니한테서 본 익숙함이에요. 그런데 막상 실제로 해 본 사람은 많지 않아서 그런지 보고들 놀라더라고요."

보통 자수는 언제 하시나요? "작가들은 생활이 일정치 않아서 새벽까지 깨어 있을 때가 많아요. 생활을 같이 하다 보니 저도 잠 습관이 그리되었어요. 수를 놓는 건 아무래도 마음을 가라앉힐 수 있는 밤 시간이 편하지요. 하다 보면 새벽 네다섯 시가 되기도 해요. 남편도 작품을 쓸 땐 같이 깨어 있고요."

영국 출판사에서 이문열 선생님 책 표지를 자수로 하자고 했는데 거절하셨습니다. "아마 90년대 중반쯤일 거예요. 제게 송학병풍이 있었는데 그 일부를 《시인》 표지로 쓰자는 제안이 왔어요. 그땐 전시회도 열기 전이었고 자신이 없었죠. 지금 같으면 한번 할 수도 있을 것 같은데…… 남편 책 버릴까 봐 조심스럽죠."

서예 실력도 상당하시다고 들었습니다. "서예라기보다 동양 고전 쪽에 관심이 많았어요. 공부를 하려고 시도도 해 봤지만 번번이 실패했습니다. 아무래도 물리적 시간이 빠듯했죠."

사람을 기다리는 집

이문열 선생님에 대한 대중의 시선이 어떤 것 같나요? "남편은 어떻게 생각하는지 모르겠지만 저는 대중의 시선이 그렇게 중요하다고 생각하지 않아요. 작품도 마찬가지예요. 본인이 하고 싶고 만족스러운 걸 하는 게 최우선이라고 봐요. 그리고 무엇보다 오랫동안 많은 사랑을 받았잖아요."

정치적 발언들로 논란이 많으셨습니다. "그랬죠. 사실 남편이 마음이 약해요. 생각보다 여린 사람이거든요. 진의와 다르게 오해를 사는 부분들이 더 가슴 아팠어요."

2001년 책 장례식 때 많이 힘들어 하셨지요? "남편이 처음 상처를 받았을 땐 이게 뭔지 잘 모르다가, 나중에 이해하게 됐어요. 시간이 지날수록 정말 가슴이 아팠던가 봐요. 지나고 나면 오해들이 풀어지지 않겠는가, 그리 생각을 했는데 아시다시피 그렇게 간단하지 않았지요."

직접 항의 전화를 받으신 적도 있는지. "네. 열이면 열, 백이면 백 의견이 모두 똑같을 수는 없다는 걸 아는데도 사실 당혹스럽고 놀랄 때가 있어요. 그래도 저는 옆에서 외부 편을 들어서 얘기해요. 그렇게 생각할 수도 있지 않느냐, 당신이 이해해야 한다."

보통은 우리 남편 억울하다 할 텐데요. "억울한 면이야 많지요. 옆에서 보면 생각 외로 상처를 많이 받아요. 작가들은 고슴도치 같아요. 감수성이 아주 예민하죠. 또 직업적으로도 고슴도치처럼 가시를 바짝 세우고 있잖아요. 저는 사실 유교적인 교육을 받아서 그런지 될 수 있으면 감정을 외부에 드러내지 않으려는 성향이 있어요. 즐거운 일이나 슬픈 일이나 될 수 있으면 중도를 지키는 게 교양이라고 생각하면서 자랐죠. 그런데 작가들은 반대잖아요."

이문열 선생님 작품은 다 읽으셨나요? 가장 좋아하는 작품을 꼽아 주신다면. "보통 초고를 많이 읽습니다. 저는 《시인》도 좋아하지만, 《황제를 위하여》를 꼽고 싶네요."

이유는 뭔가요? "남편은 굉장히 유머러스한 사람이에요. 그게 특기인데 지금은 많이 없어졌어요. 왜 그렇게 됐을까를 생각하면 마음이 좀 그렇죠. 남편이 갖고 있던 예전의 모습들이 뭐랄까…… 풍요롭게 남아 있는 게 그 작품이 아닌가 싶어요."

이문열 선생님이 사람을 좋아해서 손님이 자주 오신다죠? "집으로 사람이 찾아오는 걸 매

138

우 즐겨요. 그런데 한번은 마당에서 풀을 뽑고 있는데, 관광하시는 분들이 지나가면서 하는 대화를 우연히 듣게 됐어요. "누구 집이야? 누구 집인데 이렇게 커?", "이문열이 집이잖아." 그래요. 그러니까 "근데 왜 이렇게 집을 크게 지었대?" 그 얘기에 처음은 놀랐지만 한편 저라도 그렇게 생각할 것 같더라고요. 굳이 변명을 하자면 저희는 이 집을 지을 때 우리 가족만 살 집이라고 생각하지 않았어요. 손님들이나 글 쓰는 학생들이 많이 왔을 때 부담 없이 함께할 수 있는 공간이기를 바랐죠. 예전에 어려웠을 때 남편이 늘 얘기했던 게 있어요. 본인 소원이, 어디 눈치 보거나 방해받지 않고 글 쓰는 데만 몰두할 수 있는 작은 공간을 가져 보고 싶다고요. 그땐 아르바이트나 임시직 선생님 같은 일을 6개월은 해야, 그 돈으로 6개월간 절에 들어가 글 쓰고 그랬거든요. 그래서 저희는 글로 돈을 벌게 되면, 글 쓰는 사람들의 그런 고충을 해결해 주고 싶다는 생각을 했어요. 많은 손님들을 어떻게 받을까만 고려했지, 큰 집에 대해 사람들이 자칫 오해할 수 있다는 것까지는 생각하지 못했던 것 같아요."

문인들도 많이 왕래했겠죠? "저희가 40대 때는 많이들 모이셨어요. 사실 문인들이 굉장히 낯을 가리잖아요. 처음에는 서로 서먹해하지만, 술이 한두 잔씩 들어가면 옳으니, 그르니, 좋으니, 나쁘니 하면서 신랄하게 논쟁을 해요. 거실에서 밤새 마시다 보면 안쪽 방이 우스갯소리로 '시체실'이 되곤 하죠. 그 옆방은 '회복실'이고. 거기서 쉬다가 또 나와서 계속 마셔요. 그렇게 새벽 두세 시쯤 되면 서로 충분히 화도 내고 할 말도 다 했을 것 아니에요? 그러면 뭔가 마음이 다 씻겨 내려가나 봐요. 그때부터는 다 같이 둘러앉아 노래를 하고 그래요. 술은 몸을 상하게는 하지만 그렇게 행복해하는 얼굴을 볼 때면 맺힌 부분을 풀어 주는 좋은 역할도 하는구나 싶었죠."

요리 솜씨도 뛰어나다고 들었는데. "전혀요. 시장할 때 와서 잡수시니까 맛있다고들 해 주시는 거죠. 하하. 전통 한식이랄 것까지도 없고 김장 김치와 된장, 간장 이런 것들을 기본으로 그때그때 제철 음식을 만들어 먹습니다."

부악문원에는 높다란 담장도, 굳게 잠긴 대문도 없다. 취재 중 마주친 손님들은 익숙하다는 듯 문간을 자유롭게 드나들었다. '시대와의 불화'를 겪었다는 주인의 집은 문을 활짝 열고 사람을 기다리는 공간이었다. **b**

그러나 갈매기는 날아야 하고 삶은 유지돼야 한다.
갈매기가 날기를 포기했을 때 그것은 이미 갈매기가
아니고, 존재가 그 지속의 의지를 버렸을 때 그것은
이미 존재가 아니다.
받은 잔은 마땅히 참고 비워야 한다. 절망은 존재의
끝이 아니라 그 진정한 출발이다…….

《젊은 날의 초상》 中

HOWEVER, A SEA GULL SHALL FLY, AND LIFE MUST GO ON. WHEN
A SEA GULL GIVES UP ITS WILL TO FLY, IT IS NO LONGER A SEA
GULL. AND WHEN A BEING RELINQUISHES ITS WILL TO LAST, IT IS
NO LONGER A BEING. A GLASS RECEIVED MUST BE ENDURED AND
EMPTIED. DESPAIR IS NOT THE END OF EXISTENCE. IT IS INDEED A
TRUE START... -FROM 'PORTRAIT OF YOUTH'

진정으로 사랑했던 고향에로의 통로는
오직 기억으로만 존재할 뿐, 이 세상의 지도로는
돌아갈 수 없다. (…) 우리야말로 진정한 고향을
가졌던 마지막 세대였지만, 미처 우리가 늙어
죽기도 전에 그 고향은 사라져 버린 것이었다.
－《그대 다시는 고향에 가지 못하리》中

THE PATH TO HOMETOWN WHICH I TRULY LOVED NOW EXISTS
ONLY IN MY MEMORY. I CAN NO LONGER HEAD BACK WITH THIS
WORLD'S MAP. (…) WE ARE THE LAST GENERATION WHO WERE
FORTUNATE TO HAVE A REAL HOMETOWN, BUT THAT HOMETOWN
DISAPPEARED BEFORE WE TURNED OLD AND PASSED AWAY.
- FROM 'YOU CAN NO LONGER HEAD BACK TO YOUR HOMETOWN'

이제 더는 회의해서는 안된다.
이미 이 오늘에 이른 이상 소설은 내 지상至上이며
문학은 내 종교가 되어야 한다.
나의 전부여야 한다.
-《사색》中

142

I SHALL NO LONGER BE SKEPTICAL. I AM ALREADY AT A POINT
WHERE FICTION IS MY SUPREMACY AND LITERATURE IS MY
RELIGION. THEY SHALL BE MY ALL. -FROM 'MEDITATION'

생각하면 우습지 않은가?
진정으로 인간을 위해 봉사해야 할 것은 이념인데 거
꾸로 인간이 이념을 위해 봉사해야 하다니,
보다 행복해지기 위한 고안이 오히려 인간을 죽이고
있다니……
－《영웅시대》中

ISN'T IT HILARIOUS? IDEOLOGY SHOULD TRULY SERVE HUMAN
BEINGS, BUT ON THE CONTRARY, HUMAN BEINGS ARE SERVING
IDEOLOGY. PLANS THAT WERE DEVISED FOR MORE HAPPINESS ARE
INSTEAD DESTROYING HUMAN BEINGS.... -FROM 'HEROIC AGE'

REFERENCE

강준만, 《선샤인 지식노트》, 인물과 사상사, 2008.

강준만, 《한국 현대사 산책 1990년대 편1》, 인물과 사상사, 2006.

김욱동, 《실존주의적 휴머니즘의 문학, 이문열》, 민음사, 1994.

윌리엄 골딩(이덕형 譯), 《파리대왕》, 문예출판사, 2010.

이문열, 《변경》, 민음사, 2014.

이문열, 《사색》, 살림출판사, 1991.

이문열, 《선택》, 민음사, 1997.

이문열, 《시대와의 불화》, 자유문학사, 1992.

이문열, 《시인》, 민음사, 2012.

이문열, 《신들메를 고쳐매며》, 문이당, 2004.

이문열, 《젊은 날의 초상》, 민음사, 2011.

이문열, 《중단편전집》, 도서출판 둥지, 1994.

이문열, 《호모 엑세쿠탄스》, 민음사, 2006.

정재철, 《문화 연구자》, 커뮤니케이션북스, 2013.

조지 오웰(김회진 譯), 《동물농장·1984》, 범우사, 1993.

김명인, 〈한 허무주의자의 길 찾기〉, 《사상문예운동》, 1990. 12.

장석주, 〈이문열 문학의 뿌리 찾기〉, 《계간문예》, 1992. 2. 22.

홍정선, 〈기획대담|소설적 자전, 자전적 소설〉, 《문예중앙》, 1992 봄호.

고미석, 〈대학생 누구 작품 많이 읽나〉, 《동아일보》, 1986. 12. 17.

고종석, 〈김삿갓 방랑 상상력으로 재구성〉, 《한겨레》, 1990. 12. 18.

권혜진, 〈이문열 "우리 사회 겁먹은 허수만 남아"〉, 《연합뉴스》, 2008. 12. 24.

김규환, 〈장편 '귀족' 출간 앞둔 마광수〉, 《서울신문》, 2008. 4. 12.

김기만, 〈佛 독서계 '이문열 바람' 신문, 방송, 시사지 등 잇달아 소개〉, 《동아일보》, 1992. 10. 2.

김중기, 〈[상처가 예술을 낳는다] ④소설가 이문열〉, 《매일신문》, 2007. 3. 2.

김중식, 〈이경자씨 페미니즘 신작장편 '사랑과 상처' 출간〉, 《경향신문》,1998. 4. 6.

민동용, 〈날카로운 첫 키스는 결국, 소설의 벼랑 끝에 서게 했다〉, 《동아일보》, 2012. 11. 17.

박경범, 〈[시론] '언어 폭력가'는 안 된다〉, 《중앙일보》, 2000. 2. 15.

반경환, 〈'즐거운 사라' 이문열 씨 기고에 대한 반론/ "석방죄명 조작 언불성설"〉, 《중앙일보》, 1992. 11. 8.

방현철·김광일, 〈'이문열 책 반환' 모의 장례식〉, 《조선일보》, 2001. 11. 4.

배소진, 〈이문열 "책 장례식 때 날 옹호해준 건 박완서 뿐"〉, 《머니투데이》, 2011. 1 .22.

서욱진·이승우, 〈"소수가 점령한 광장에 휩쓸려선 안 돼…스스로 길 찾고 고민해야"〉, 《한국경제》, 2011. 12. 13.

오광수, 〈끝내 부르지 못한 '아버지'〉, 《경향신문》, 1999. 8. 9.

오정곤, 〈이문열 씨, "촛불집회 맞서 의병 일어날 때"〉, 《YTN》, 2008. 6. 18.

유성운, 〈이문열 "촛불장난 너무 오래하는 것 같다"〉, 《동아일보》, 2008. 6. 18.

윤정훈, 〈곡학아세 이문열 씨 책 반환, 지식인테러 즉각 중단하라〉, 《동아일보》, 2001. 11. 4.

윤정훈, 〈이문열 씨 "책 장례식은 홍위병식 소행"〉, 《동아일보》, 2001. 11. 7.

이규민·김순덕, 〈명성황후, 브로드웨이가 한눈에 반했다〉, 《동아일보》, 1997. 8. 24.

이문열, 〈[나는 왜 문학을 하는가]소설가 이문열〉, 《한국일보》, 2003. 7. 30.

이문열, 〈[나의 삶 나의 생각]교원, 기자, 강사…숙명 같은 작가수업 12년〉, 《경향신문》, 1992. 10. 24.

이문열, 〈[시론] '홍위병'을 떠올리는 이유〉, 《동아일보》, 2001. 7. 8.

이문열, 〈[시론] 홍위병을 돌아보며〉, 《중앙일보》, 2000. 2. 8.

이문열, 〈문학을 뭘로 아는가 / '즐거운 사라' 파문 속에서〉, 《중앙일보》, 1992. 11. 2.

이문열, 〈수많은 불면의 밤, 오늘의 보람으로〉, 《동아일보》, 1979. 1. 1.

이정환, 〈이문열 "인터넷은 집단지성 아닌 집단최면"〉, 《미디어오늘》, 2010. 7. 3.

이철희, 〈속박은 없다, 글쟁이의 나래를 맘껏 펼 뿐…〉, 《동아일보》, 1999. 2. 8.

장재선, 〈[파워인터뷰]이문열 "인터넷, 소통 아닌 세뇌의 수단"〉, 《문화일보》, 2011. 6. 10.

전병근, 〈[인터뷰] 이문열 "남은 시간 얼마 없어…80년대 제대로 그려낼 것"〉, 《조선일보》, 2014. 7. 26.

전여옥, 〈소설 '선택'에 대해〉, 《한겨레》, 1997. 6. 7.

정은령, 〈아버님 뵐 때 드리려던 고향 술 당신의 제상에 올릴 줄이야〉, 《동아일보》, 1999. 8. 9.

정은영, 〈if 페미니스트 계간지 창간〉, 《동아일보》, 1997. 6. 5.

정은영, 〈문화평론가 고미숙 씨 이문열 씨 선택 비판〉, 《동아일보》, 1996. 9. 24.

정진건, 〈소설가 이문열의 현대사 인식 | "한국의 현대는 1985년에 시작됐다"〉, 《매일경제》, 2014. 12. 5.

조두진, 〈[조두진의 책속 인물 읽기]'시인'의 김병연과 이문열〉, 《매일신문》, 2008. 11. 19.

조운찬, 〈진정한 페미니즘은 무엇인가, 이문열 씨 5년 만에 소설 '선택' 출간〉, 《경향신문》, 1997. 4. 1.

조찬제, 〈이문열 씨 '서당' 5명 모집에 150여명 몰려, 83세 할머니까지 지원…〉, 《경향신문》, 1998. 2. 23.

진중권, 〈[시론] 이문열과 '젖소부인'의 관계?〉, 《중앙일보》, 2000. 2. 11.

《경향신문》, 〈이문열 '선택', 하일지 '경마장…' 최악의 페미니즘 도서'로 선정〉, 1998. 9. 10.

《노컷뉴스》, 〈진중권 "이문열, 말만 하지 말고 아예 의병장으로 나서라"〉, 2008. 6. 18.

《문화일보》, 〈"아버지로부터 벗어나려고 反사회주의 사상 품었지만 北서 버림받은 아버지 동정"〉, 2011. 6. 10.

《연합뉴스》, 〈이문열 "포퓰리즘 경계, 상호존중·다수합의 지켜야"〉, 2013. 3. 10.

《조선일보》, 〈이문열 소설 '선택', 90년대 여성론 공격〉, 1997. 4. 24.

《조선일보》, 〈이문열씨 北 아버지께 50년 만에 쓴 答信〉, 1999. 1. 16.

《중앙일보》, 〈이문열 묻고 안경환 답하다〉, 2014. 9. 12.

《한국일보》, 〈[100℃ 인터뷰] 소설가 이문열 "참 멋진 보수 되고 싶어"〉, 2007. 1. 22.

PHOTO CREDITS AND CAPTIONS

ENDPAPERS
1980년대 후반 경기도 이천 부악문원 서재에서

IMPRESSION
P.4-5 2005년 번역·출간된 스웨덴 판 《시인》 표지, 이문열 제공

P.6 《금시조》 도서 대출 카드, 국회도서관 제공

P.7 《그대 다시는 고향에 가지 못하리》 도서 대출 카드, 국립중앙도서관 제공

P.8 《젊은 날의 초상》 초판 일부분 발췌

P.9 《황제를 위하여》 초고 첫 페이지, 이문열 제공

P.11 폐쇄된 이문열 홈페이지

PORTRAITS
P.32 1987년 경기도 이천 부악문원 서재에서, 이문열 제공

P.33 1995년 고향집 안방에서, 이문열 제공

P.34 1992년 프랑스 거리에서, 이문열 제공

P.35 시기·장소 미상, 이문열 제공

P.36 (상) 1989년 서울 서초동 신동아 아파트에서 어머니, 막내딸과 함께 식사, 이문열 제공

(중) 1990년대 중반, 소설가 협회 사람들과 중국 여행 중, 이문열 제공

(하) 1990년 경주 엑스포에서 황석영, 고은 등과 함께, 이문열 제공

P.37 1982년 둘째 아들과 대구 범어동 인근 낚시터에서, 이문열 제공

P.38-39 경북 영양군 석보면 두들마을의 석천서당, 이문열 제공

BIOGRAPHY
P.46-47 이문열의 집필실에서, PHOTOGRAPH BY LEE MINJI, ILLUSTRATION BY LEE SUMIN

P.53 이문열의 집필실에서, PHOTOGRAPH BY LEE MINJI, ILLUSTRATION BY LEE SUMIN

P.58 2001년 번역·출간된 스웨덴 판 《젊은 날의 초상》 표지, 이문열 제공, ILLUSTRATION BY LEE SUMIN

COMPARISON
P.68 《LORD OF THE FLIES》, FABER AND FABER, 1954, FIRST EDITION, ORIGINAL DUST JACKET

P.69 《ANIMAL FARM》, SECKER & WARBURG, 1945, FIRST EDITION, ORIGINAL DUST JACKET

GRAPHIC NOVEL
P.76-89 ILLUSTRATION BY PARK MOONYOUNG

IN-DEPTH STORY, PARTNER
P.94-95 이문열의 집필실에서, PHOTOGRAPH BY LEE MINJI

P.98 이문열의 집필실에서, PHOTOGRAPH BY LEE MINJI
P.104 집필실의 응접실에서, PHOTOGRAPH BY LEE MINJI
P.113 이문열의 집필실에서, PHOTOGRAPH BY LEE MINJI
P.118 집필실의 응접실에서, PHOTOGRAPH BY LEE MINJI
P.124-131 경기도 이천 부악문원 내·외부, PHOTOGRAPH BY LEE MINJI

IN-DEPTH STORY, PARTNER
P.132 이문열의 자택에서, PHOTOGRAPH BY LEE MINJI
P.137 박필순의 자수 작품, PHOTOGRAPH BY LEE MINJI

SKETCH
P.148-153 ILLUSTRATION BY PARK SANGHOON

ISSUE 1
NOV DEC 2014
LEE O-YOUNG

이어령 李御寧

ISSUE 2
JAN FEB 2015
KIM BOO-KYUM

김부겸 金富謙

ISSUE 3
MAR APR 2015
SHIM JAE-MYUNG

심재명 沈栽明

ISSUE 1 이어령 창간호에서는 이어령 선생을 만났습니다. 이 선생은 평론가, 산문가, 소설가, 시인, 언론인, 교수, 행정가 등 다방면에서 활동하며 탁월한 업적을 남겼습니다. 한국의 대표 석학, 시대의 지성, 말의 천재로 불리기도 합니다. 이어령 선생은 내일을 사는 사람입니다. 그에게 세상은 부재의 표상입니다. 이어령을 읽어야 할 이유가 여기에 있습니다.

ISSUE 2 김부겸 2호에서는 김부겸 전 국회의원을 만났습니다. 김 전 의원은 진보와 보수, 호남과 영남의 경계에서 외로운 싸움을 해 왔습니다. 삶을 사는 게 아니라 삶을 앓았던 그는 한국 정치사의 경계인境界人입니다. 어디에도 소속감을 느끼지 못하고 경계를 맴도는 많은 현대인들이 그의 삶을 통해 자신을 돌아보고 스스로를 치유할 수 있는 계기가 되었으면 합니다.

ISSUE 3 심재명 3호에서는 명필름 심재명 대표를 만났습니다. 1세대 여성 프로듀서로 불리는 심 대표는 〈접속〉, 〈공동경비구역 JSA〉, 〈우리 생애 최고의 순간〉, 〈마당을 나온 암탉〉, 〈건축학개론〉 등 작품성과 상업성을 두루 갖춘 영화를 제작해 왔습니다. 심 대표는 성공의 원동력으로 결핍과 열등감을 꼽았습니다. 모든 게 부족했기에 채울 수 있었던 그의 삶을 들여다봅니다.

정기 구독 안내 정기 구독을 하시면 정가의 10% 할인 및 행사 초청 등의 혜택을 받으실 수 있습니다. 구독 기간 중 저희 출판사에서 발행되는 단행본 한 권을 함께 보내드립니다. 아래 계좌로 구독료를 입금하신 뒤 전화나 메일로 도서를 받으실 주소와 이름, 연락처를 알려주십시오. 결제일 기준으로 다음 호부터 잡지가 발송됩니다.

- 1년 81,000원(10% 할인!)
- 1년 6회 발행(홀수 달)
- 신한은행 100-030-351440
- 예금주 ㈜스리체어스

구독 문의 02-396-6266
CONTACT@BIOGRAPHYMAGAZINE.KR